Andreas Raupach

Erfolgreich telefonieren

Telefonate professionell führen
Telefonstrategien und Selbst-
management

POCKET BUSINESS

Cornelsen

Der Autor

Andreas Raupach arbeitet als beratender Ingenieur und Trainer in den Bereichen Unternehmenskommunikation, Projektmanagement und IT-Anwendungen. Er ist Inhaber des Trainings-Instituts Raupach in Berlin und hat zahlreiche Unternehmensprojekte zur Mitarbeiterqualifikation als Trainer und Berater begleitet.

Die erste Auflage dieses Werkes ist erschienen bei:
Cornelsen Verlag GmbH & Co. OHG, Berlin

Verlagsredaktion: Ralf Boden
Grafik und technische Umsetzung: Holger Stoldt, Düsseldorf
Umschlaggestaltung: Katrin Nehm
Zeichnungen: Horst Raupach
Titelfoto: © Ben Welsh / Mauritius

2. Auflage

Druck: Druckhaus Berlin-Mitte

ISBN-13: 978-3-589-21926-1
ISBN-10: 3-589-21926-2

Inhalt gedruckt auf säurefreiem Papier, umweltschonend hergestellt aus chlorfrei gebleichten Faserstoffen.

Vorwort

Ein großer Teil der geschäftlichen Kontakte wird heute über das Telefon abgewickelt und in vielen Bereichen der Wirtschaft gedeiht eine neue Servicekultur, die das professionelle Telefongespräch zu einer gefragten Dienstleistung werden lässt.

Diese Entwicklung beinhaltet eine Vielzahl an beruflichen und geschäftlichen Chancen, die immer mehr Menschen für sich erfolgreich nutzen. Ob Call-Center-Agent, Vertriebsmitarbeiter, Freiberufler oder Unternehmer: Die Möglichkeiten, per Telefon Karriere zu machen und unternehmerisch erfolgreich zu sein, sind zahlreich.

Für alle, die das Telefon als Erfolgsinstrument für sich nutzen wollen ist es sinnvoll, die eigene Kompetenz im Umgang mit diesem Medium zu stärken und weiter zu entwickeln. Dieses Buch wird Sie dabei unterstützen. Sie werden im Überblick und im Detail erfahren, mit welchen Regeln, Strategien und Fähigkeiten Sie dauerhaft, direkt und leicht per Telefon erwünschte Wirkungen erzielen können.

Das Buch führt Sie systematisch durch alle wichtigen Bereiche von Telefonkompetenz: Stimme und Sprache, Telefonstrategien, Selbstmanagement und Telefonpraxis. Je nach Wissensstand und Kompetenz können Sie gleich dort einsteigen, wo Sie zuerst Ihr Repertoire erweitern wollen.

Zu wesentlichen Kompetenzen des Telefonierens werden konkrete, nachvollziehbare Anleitungen gegeben: Gesprächsführung, Fragetechniken, Verkaufsstrategien, Kalt-Akquise-Strategien und Überzeugungsstrategien.

Ich lade Sie herzlich ein, Ihre zahlreichen Kompetenzen in vielen Bereichen zu erweitern und mit Spaß, Neugier, Geduld und Selbstvertrauen weitere lohnende Fähigkeiten für die erfolgreiche Nutzung des Mediums Telefon zu entfalten.

Berlin, im Frühjahr 2006 *Andreas Raupach*

Inhaltsverzeichnis

1 Stimme und Sprache

Ihre Stimme ist Ihr zweites Gesicht

Immer mehr Menschen sind beruflich auf eine gesunde Stimme angewiesen oder arbeiten sogar in einem Sprechberuf. Dazu gehören Call Center Agents, Berater, Verkäufer, Trainer und Unternehmer. Die Stimme ist für sie ein wichtiges Arbeitsinstrument und ihr beruflicher Erfolg wird direkt von der Qualität ihrer Stimme und ihrer Sprache beeinflusst. Mit warmem und resonantem Klang, einer deutlichen und flüssigen Artikulation und einer verständlichen und reichhaltigen Sprache gewinnen Sie Gesprächspartner, überzeugen Sie Kunden und bleiben in angenehmer Erinnerung.
Doch viele nutzen nur begrenzt die Möglichkeiten ihrer Stimme und Ihrer Sprache und oft stellen sich sogar Probleme mit der Gesundheit der Stimme ein. Die Fähigkeit, Stimme und Sprache wirkungsvoll und ökonomisch einzusetzen, bringen zwar die allermeisten Menschen mit, doch nicht jeder hatte die Gelegenheit, durch ein professionelles Stimm- und Sprechtraining diese Fähigkeit voll zu entwickeln. Viele von ihnen haben keine professionelle Stimm- und Sprechausbildung genossen und setzen ihre Stimme teilweise sogar zu ihrem eigenen Schaden ein. Die Belastung der Stimme kann dabei so weit gehen, dass sich Stimmbeschwerden einstellen oder sogar Stimmstörungen auftreten.

In diesem Kapitel erfahren Sie, wie Sie Ihre Stimme und Ihre Sprache effektiv, ökonomisch und wohltuend einsetzen können.

Sie werden Ihre Wirkung am Telefon schnell erhöhen, wenn Sie beginnen, die vielen Möglichkeiten, Ihre Stimme und Ihre Sprache auf virtuose Weise einzusetzen, weiterzuentwickeln. Sie können lernen, Ihren Gesprächspartner durch den Klang Ihrer Stimme in angenehme Stimmung zu versetzen. Sie können lernen, mit Ihrer Stimme und Ihrer Sprache Ihre Gesprächspartnern zu interessieren, zu überzeugen und zu begeistern.

1.1 Die akustische Visitenkarte – Wie Sie sich vorstellen

Wenn Sie beginnen, professionelles Verhalten am Telefon zu entwickeln, dann ist es wichtig, dass Sie Ihrem Auftreten eine Form geben, die Bestand hat. Standardisierte Formeln helfen Ihnen, ein einzigartiges Image aufzubauen und verschaffen Ihnen die Sicherheit, die Sie brauchen, um souverän und beweglich Ihre Telefongespräche zu gestalten.

> Die akustische Visitenkarte ist der erste und prägende Eindruck, den Sie Ihrem Gesprächspartner am Telefon vermitteln.

Sie bestimmt, welche Vorstellung sich Ihr Gesprächspartner von Ihnen macht, wieviel Vertrauen, Sympathie und Gesprächsfreude er Ihnen entgegenbringt und welcher Art eine mögliche langfristige Beziehung sein wird.
Sie können mit einfachen Mitteln dafür sorgen, dass Ihr Gesprächspartner Sie mit Vergnügen und Kompetenz assoziiert und langfristig in seinem Gedächtnis behält.
Geben Sie Ihrem Gesprächspartner die Informationen, die er braucht, um zu Ihnen ein positives und vertrauensvolles Verhältnis aufzubauen zu können.

Stellen Sie sich vor, Sie rufen in einem Fachgeschäft an, um sich nach einer neuen Telefonanlage zu erkundigen und Ihr Gesprächspartner begrüsst Sie mit einem mürrischen „Meier“. Wie fühlen Sie sich? Was denken Sie über diesen Menschen? Haben Sie Lust, mit diesem Menschen ein Gespräch zu führen? Und dann stellen Sie sich vor, Sie rufen in einem anderen Geschäft an und Ihr Gesprächspartner begrüßt Sie mit einem fröhlichen und freundlichen „Firma Lehmann. Mein Name ist Frank Fröhlich. Was kann ich für Sie tun?“ Wie fühlen Sie sich? Was denken Sie über diesen Menschen? Haben Sie Lust, mit diesem Menschen ein Gespräch zu führen?

Wie Sie wahrgenommen werden, hängt zu 20 Prozent von Ihrer verbalen Kommunikation und zu 80 Prozent von Ihrer nonverbalen Kommunikation ab. Machen Sie sich deshalb bewusst, welche verbalen und nonverbalen Botschaften Sie senden wollen – über Ihren Gesprächspartner, über die Beziehung zwischen Ihnen, über Ihr Anliegen und über sich selbst. Und dann beginnen Sie, Ihre Hauptbotschaften verbal und nonverbal mit wachsender Freude und Sicherheit in jedem Telefongespräch mit jedem Gesprächspartner kongruent zu kommunizieren.
Die akustische Visitenkarte ist Ihre Standard-Information und Ihre Standard-Emotion, mit der Sie sich bei Ihrem Gesprächspartner vorstellen. Standard nicht im Sinne von *„immer wieder die selbe Leier"*, sondern im Sinne von *„immer wieder frisch, immer wieder gut"*.

Die akustische Visitenkarte ist Ihre Botschaft an die Welt darüber, wer Sie sind und wie Sie sind.

Entscheiden Sie, ob Ihre Botschaft über sich selbst ist *„Ich bin gelangweilt und langweilig."*, oder ob Ihre Botschaft über sich selbst ist *„Ich bin interessiert und interessant."* Finden Sie heraus, was Ihre Botschaft über sich selbst ist, lernen Sie diese Botschaft zu kommunizieren und machen Sie sich die Kommunikation Ihrer Botschaft über sich selbst zu einer guten Gewohnheit.

Anrufe entgegennehmen

Jeder, der Sie anruft, möchte gerne wissen, mit wem er es zu tun hat. Geben Sie deshalb auch jedem Anrufer die Gelegenheit zu verstehen, wer da am anderen Ende der Telefonleitung mit ihm spricht.
Sprechen Sie langsam und deutlich, wenn Sie sich am Telefon melden! Viele Menschen sprudeln ihren Begrüßungstext so

schnell heraus, dass der Gesprächspartner nur ein Zischen hört und sonst nichts versteht. Melden Sie sich mit dem Namen Ihrer Firma und Ihrem eigenen Namen!
Sie wissen natürlich, wie Sie heißen und wer Sie sind. Deshalb ist diese Information für Sie nicht besonders spannend – für Ihren Gesprächspartner ist sie es schon. Er möchte gern wissen, mit wem er es zu tun hat. Er fühlt sich unwohl, wenn er den Namen seines Gegenübers nicht gehört hat und noch einmal nachfragen muss oder sich damit abfindet, Sie nicht mit Ihrem Namen ansprechen zu können.
Erweisen Sie ab jetzt jedem Ihrer Gesprächspartner und sich selbst den Dienst und sprechen Sie bewusst so langsam und so deutlich, dass Ihr Gesprächspartner bequem den Namen Ihrer Firma und Ihren eigenen Namen verstehen kann!
Lächeln Sie Ihrem Gesprächsparter zu! Er kann Sie zwar nicht sehen, aber er wird Ihr Lächeln „hören". Sie können beginnen, ab jetzt in jedem Telefongespräch bewusst die Atmosphäre positiv zu gestalten.
Stellen Sie sich einen Geprächspartner vor, der mit monotoner Stimme gelangweilt seinen Text abspult. Was denken Sie über ihn? Wie fühlen Sie sich?
Und dann stellen Sie sich einen Gesprächspartner vor, der mit lebhafter und freundlicher Stimme zu Ihnen spricht. Was denken Sie über ihn? Wie fühlen Sie sich?
Ihre direkten Gestaltungsmittel sind Ihre Stimme und Ihre Sprache und Ihre indirekten Gestaltungsmittel sind Ihre Mimik, Ihre Gestik, Ihre Körperhaltung und Ihre Bewegung. Sie werden in den nächsten Abschnitten erfahren, wie Sie Ihre kommunikativen Gestaltungsmittel bewusst und wirkungsvoll einzusetzen lernen.

Anrufe initiieren

Ihr Gesprächspartner ist wahrscheinlich beschäftigt und möchte, wenn er angerufen wird, gern erfahren, wer da mit ihm spricht, worum es geht und was er davon hat, dieses Gespräch zu führen. Sorgen Sie deshalb dafür, dass er diese Informationen bekommt.

Bei Erstkontakten gilt: Da die ersten Worte oft noch nicht inhaltlich wahrgenommen werden, weil sich der Gesprächspartner zunächst auf die neue Stimme am Telefon einstellt, eröffnen Sie Ihren Text mit ein paar Füllwörtern. Statt zu sagen *„Firma Maier ... “*, beginnnen Sie mit *„Hier ist die Firma Meier ... “*. Nennen Sie dann den Namen Ihrer Firma, Ihren eigenen Namen und begrüßen Sie Ihren Gesprächspartner.

„Hier ist die Firma Meier. Mein Name ist Frank Fröhlich. Guten Tag Herr Lehmann.“ Dann beantwortet dieser wahrscheinlich den Gruß und wartet auf Ihren weiteren Text.

An dieser Stelle ist es sinnvoll, Respekt zu demonstrieren. Sie können das erreichen, indem Sie eine einfach Frage stellen: *„Störe ich?“*. Sie geben Ihrem Gesprächspartner damit die Gelegenheit, zu entscheiden, ob er jetzt mit Ihnen ein Gespräch führen möchte. Jetzt sind 3 Antworten wahrscheinlich: *„Ja“*, *„Nein“*, *„Worum geht es?“*

Stellen Sie einfach die Frage *„Störe ich?“* und warten Sie ganz entspannt die Antwort ab. Sagt Ihr Gesprächspartner *„Ja“* (Sie stören also), dann fragen Sie Ihn nach einem passenden Termin – z.B.: *„Wann passt es für Sie besser?“* – So erhalten Sie die gewünschte Information und sind beim nächsten Anruf schon vorgemerkt. Lautet die Antwort *„Nein“* (Sie stören nicht) oder *„Worum geht es?“* dann fahren Sie fort in Ihrem Text und sagen Sie , was Sie wollen.

Führen Sie Ihren Gesprächspartner aktiv durch das Gespräch. Im Kapitel 4.2 erfahren Sie detailliert, welche Möglichkeiten der Gesprächsführung Sie für sich nutzen können.

1.2 Die Stimme pflegen und bilden

Professionelle Sprecher im Fernsehen, Schauspieler und Redner pflegen täglich ihre Stimme. Sie behandeln ihre Stimme wie ein kostbares Instrument und sorgen dafür, dass es jederzeit gut klingen kann.

Das Wort „Persönlichkeit“ stammt aus dem antiken Theater, in dem die Schauspieler Masken trugen. *„Per sonare“* bedeutet *„hindurch tönen“* und meint *„das, was durch die Maske tönt“*. Unsere Stimme ist ein Spiegel unserer Persönlichkeit. Deshalb bedeutet Stimmtraining gleichzeitig Persönlichkeitsentwicklung. Zuerst stimmen Sie Ihr Instrument und dann können Sie darauf spielen.
Virtuosität braucht Übung. Um ein Gespräch mit voller, resonanter und freier Stimme zu führen, brauchen Sie weite Resonanzräume in Ihrem Körper, eine tiefe und entspannte Atmung und eine gleichmäßige Stimmführung. Je mehr Sie Übung darin haben, die Resonanzräume Ihres Körpers zu nutzen, Ihre Atmung frei fließen zu lassen und Ihren Atemstrom zu steuern, desto leichter wird es Ihnen fallen, Ihre Stimme ökonomisch, variabel und wirkungsvoll einzusetzen.
Ein weiterer Grund, Ihre Stimme zu pflegen ist der enge Zusammenhang zwischen Stimme und Stimmung. Eine enge Stimme entsteht durch Anspannung im Körper. Je mehr Sie Ihre Stimme angenehm färben können, desto mehr Farben in der Palette Ihrer Stimmungen werden Sie erleben können.

Optimale Körperspannung durch die richtige Haltung

Sorgen Sie für einen angenehmen Klang Ihrer Stimme, indem Sie jederzeit eine wohlgespannte Körperhaltung einnehmen, denn nur wenn der Körper richtig ausgerichtet ist, kann die Stimme mit der Kraft und der Resonanz klingen, die sie von Natur aus hat. Dehnen und strecken Sie sich einmal und tönen Sie dabei. Sofort können Sie die volle Vitatität Ihre Stimme erleben.
Die Qualität Ihrer Stimme wird, wie der Klang eines Instrumentes, von der Form und den Spannungsverhältnissen Ihres gesamten Resonanz-Körpers geprägt. Ist die Spannung in Ihrem Körper zu hoch, dann klingt Ihre Stimme schrill und eng. Ist die Spannung in Ihrem Körper zu niedrig, dann klingt Ihre Stimme matt und flach. Wohlklang entsteht bei der Stimme wie

bei einer Geige, wenn der Resonanz-Körper durch seine definierte, offene Form einen inneren Resonanz-Raum bildet, in dem die Luft frei schwingen kann. Dieser Zustand der aktivierten, positiven Spannung wird Eutonie genannt (eu = wohl, gut, harmonisch / tonie = Spannung).

Achten Sie auf eine eutone (wohlgespannte) Haltung im Sitzen oder Stehen.

Vielleicht bemerken Sie, dass Sie gewohnheitsmäßig ungenügend aufgerichtet sind, Ihr Nacken eingesunken und das Kinn angehoben ist, Hals und Kehlkopf verspannt sind. Gerade wenn Sie lange sitzen und viel sprechen, ist es wichtig, eine angemessene Körperspannung durch die richtige Körperhaltung aufzubauen.

Mit den folgenden Übungen lernen Sie eine unterstützende Haltung im Sitzen und Stehen einzunehmen, um damit direkt Ihre Stimm-Qualität und Stimm-Gesundheit zu verbessern.

Durch das Stimm-Training sorgen Sie dafür, das Ihr Instrument „Körper" sich in einer guten, harmonischen Spannung befindet – weder zu angespannt, noch zu entspannt. Wir alle tendieren dazu, entweder zu sehr anzuspannen oder zu sehr loszulassen. Damit Sie immer mehr in diesen Zustand der harmonischen Spannung wie von selbst eintreten, ist es wichtig, zunächst diesen Zustand bewusst zu erzeugen, um ihn dann mehr und mehr einfach abrufen zu können.
Gefährlich wird es für Ihre Stimme, wenn Sie über längere Zeit die Spannung zum Sprechen nur mit der Kehlkopfmuskulatur aufbauen. Der so entstandene Druck kann die Funktionsweise der schwingenden Stimmlippen beeinträchtigen oder sogar durch übermäßige Reibung zu organischen Schäden führen.
Führen Sie die Übungen für eine eutone Haltung im Sitzen und im Stehen so lange aus, bis sie in Ihrem Alltag diesen Haltungen wie von selbst einnehmen. Ihre Stimme wird es Ihnen mit Wohlklang, Ausdauer und Gesundheit danken.

Die optimale Körper-Haltung: Grundübung 1

Stellen Sie sich vor, eine Schnur verläuft durch die Oberseite Ihres Kopfes, durch den Nacken nach unten und weiter nach unten durch Ihre Wirbelsäule hindurch. Dann stellen Sie sich vor, jemand zieht von oben vorsichtig ein wenig an der Schnur und richtet damit den Nacken und die Wirbelsäule ganz gerade auf, bis zu dem Punkt, wo die Wirbel auch ohne den Halt der Muskeln – einer auf dem anderen – sitzen bleiben, und gleichzeitig fühlen Sie die Schultern zu ihrem natürlichen Platz zurückgleiten. Und jetzt stellen Sie sich vor, Sie bewegen sich auf diese Art durch die Welt … wenn Sie an Ihrem Computer sitzen … wenn Sie Auto fahren … wenn Sie ein Telefongespräch führen.

Die optimale Körper-Haltung: Grundübung 2

Um die Schulter nach unten und hinten an Ihren natürlichen Platz fallen zu lassen, ist es für Sie eine wirkungsvolle Unterstützung, wenn Sie den Brustkorb im oberen Bereich ein wenig auseinander dehnen und den oberen Rücken ein wenig nach oben strecken. Dies gilt besonders für Sie, wenn Sie den ganzen Tag am Telefon sitzen.

Die optimale Körper-Haltung im Sitzen

- Stellen Sie Ihre Füße schulterbreit von einander auf den Boden.
- Stellen Sie mit beiden Füßen vollen Bodenkontakt her.
- Positionieren Sie den Po in der Mitte der Sitzfläche.
- Richten Sie die Wirbelsäule auf.
- Strecken Sie die Brust leicht nach vorn.
- Richten Sie den Kopft gerade auf (Vorstellung: Faden!).
- Atmen Sie für eine Minute langsam und tief in einen entspannten Bauch.

Bitte erstarren Sie nicht in dieser Haltung, sondern nutzen Sie die Übung, um durch mehrfaches Wiederholen diese physiologisch günstige Grundhaltung in sich zu verankern. Pendeln Sie dabei auch ein wenig mit Ihrem Oberkörper um diese aufrechte Haltung herum und entwickeln Sie die Vorstellung, Sie können jederzeit Ihre Haltung verändern und Sie können jederzeit zurückkehren in Ihre aufrechte Haltung.

Die optimale Körper-Haltung im Stehen

- Stellen Sie Ihre Füße schulterbreit von einander auf den Boden.
- Stellen Sie mit beiden Füßen vollen Bodenkontakt her (Vorstellung: *„Meine Füße schlagen Wurzeln bis tief in die Erde und ich bin fest verbunden mit dem Boden.“*).
- Winkeln Sie die Knie leicht federnd an (nicht durchdrücken!).
- Kippen Sie das Becken ganz leicht nach vorn.
- Richten Sie die Wirbelsäule auf.
- Strecken Sie die Brust leicht nach vorn.
- Richten Sie den Kopf gerade auf (Vorstellung: Faden!).
- Atmen Sie für eine Minute langsam und tief in einen entspannten Bauch.

Mit einer aufrechten Körperhaltung telefoniert es sich leichter!

Die optimale Kopfhaltung

- Nehmen Sie eine aufrechte Körperhaltung im Sitzen oder im Stehen ein.
- Stellen Sie sich vor, ein straff gespanntes Band liegt um Ihren Hals und um einen Pfahl, der 2 Meter vor Ihnen steht.
- Führen Sie die Bewegung aus, die notwendig ist, um das Band noch weiter zu straffen – nur durch Dehnen des Nackens nach hinten und oben.

Durch die Aktivierung der Nackenmuskulatur lösen Sie Verspannungen Ihrer äußeren und inneren Halsmuskulatur. Achten Sie bei dieser Übung auf entspannte Schultern.

Die richtige Atmung

Sprechen ist tönendes Ausatmen. Der warme, weiche Klang eines Saxophons erklingt erst, wenn der Musiker einen kontinuierlichen Luftstrom in das Instrument bläst. Genauso bringen Sie Ihr Instrument Stimme zum Klingen – durch einen sanften, kontinuierlichen Ausatemstrom, der die Stimmlippen in Ihrem Kehlkopf zum Schwingen anregt. Um diesen erforderlichen kontinuerlichen Ausatemstrom zu gewährleisten, brauchen Sie eine geeignete Atemtechnik.

Viele Menschen atmen zu flach und nur in den Brustkorb, statt den Atem tief in den Bauch strömen zu lassen. Machen Sie sich einmal den Unterschied bewusst zwischen den Formulierungen *„Ich atme ein"* und *„Ich lasse die Luft einströmen"*! *„Ich atme ein"* beschreibt einen bewussten Akt, ein Tun – *„Ich lasse die Luft einströmen"* beschreibt dagegen ein Geschehenlassen.

Das folgende Experiment zeigt Ihnen den Unterschied:

Husten Sie ein paar Mal. Husten Sie noch einmal und achten Sie darauf, wie Ihr unterer Bauchbereich nach dem Husten sofort durch eine kurze Entspannung wieder genügend Luft hereinholt.

Diese Art des Körpers, automatisch für notwendige Luft durch Entspannung des unteren Bauchbereichs zu sorgen, ist das Phänomen, das Sprechtrainer Inspiration nennen.

Die folgenenden Übungen sind gut dafür geeingnet, eine sprechgerechte Atmung zu aktivieren.

Die Tiefenatmung im Stehen aktivieren

Legen Sie Ihre Hand auf Ihren oberen Brustbereich. Atmen Sie so ein, dass dieser Bereich Ihrer Brust sich weitet. Tönen Sie ein *„Aaahhh"* beim Ausatmen. Legen Sie nun Ihre Hand auf Ihren mittleren Brustbereich, atmen Sie in diesen Bereich ein und wenn Sie ausatmen sagen Sie *„Aaahhh"*. Jetzt legen Sie Ihre Hand auf Ihren oberen Bauchbereich und machen wieder dasselbe. Zum Schluss legen Sie Ihre Hand auf Ihren unteren Bauchbereich, atmen in diesen Bereich ein, tönen *„Aaahhh"* beim Ausatmen und hören dabei, wie viel kraftvoller und resonanter Ihre Stimme jetzt klingt.
Während Sie das tun, denken Sie daran, dass Sie Ihre Schultern locker herabhängen lassen und dass Sie Ihren Rücken aufrecht halten.

Die Tiefenatmung im Liegen erweitern

- Legen Sie sich auf dem Boden auf den Rücken und entspannen Sie sich.
- Legen Sie beide Hände auf Ihren unteren Bauch.
- Gehen Sie mit Ihrer Aufmerksamkeit zu der Bewegung Ihrer Bauchdecke bei der Atmung.
  Spüren Sie, wie sich die Bauchdecke bei der Einatmung hebt?
- Atmen Sie ruhig weiter und nehmen Sie für 2 Minuten wahr, wie Ihre Atmung ihre Bauchdecke bewegt.
- Stellen Sie sich jetzt vor, Sie liegen in der Sonne und Sie fühlen sich wohlig. Seufzen Sie genießerisch.

Sie können bei dieser Übung wahrnehmen, dass Ihr Einatmen automatisch geschieht, indem sich Ihr Bauch entspannt. Je mehr Sie das Loslassen beim Einatmen geschehen lassen, desto leichter können Sie Ihre natürliche Atmung wieder für ein angenehmes Sprechen nutzen.

Öffnung und Weitung der Resonanzräume

Für Ihre volle und wohlklingende Stimme ist es auch wichtig, Ihre Resonanzräume zu weiten und zu öffnen.
Der volle Klang eines Klaviers entsteht durch den großen Resonanzboden, der die Schwingungen der Saiten aufnimmt, verstärkt und wieder abstrahlt. Der volle Klang einer menschlichen Stimme ensteht, indem die Schwingungen der Stimmlippen im Kehlkopf an die Luft im Bauch-, Brust- und Kopfraum übertragen werden und sich dort verstärken. Die Resonanz ist umso besser, je mehr diese Räume mit Luft gefüllt sind. Deshalb vermindern eine verengte Mundhöhle, ein zusammengefallener Brustkorb und ein angepannter Bauch die Resonanz Ihrer Stimme. Darum ist es wichtig, den Kiefer zu entspannen, um die Mundhöle zu öffnen, den Brustkorb zu heben und den Bauch zu entspannen. Durch die Weite Ihrer Resonanzräume und die Entlastung Ihres Kehlkopfes ist jederzeit entpanntes Reden möglich.

Nutzen Sie die folgenden Übungen, um Ihre Resonanzräume zu öffnen und der Stimme ihren natürliche Wohlklang zu verleihen.

Öffnen der Resonanzräume durch Summen

Stellen Sie sich aufrecht und dennoch entspannt hin. Beginnen Sie ganz leise, nur für sich, zu summen. Summen Sie einfach so vor sich hin – vielleicht eine Melodie, die Ihnen gut gefällt oder Ihre eigene Kreation. Legen Sie jetzt Ihre Hände auf Ihr Gesicht und nehmen Sie wahr, wo in Ihrem Gesicht die Schwingung in welcher Intensität zu spüren ist … im Bereich des Mundes … im Bereich der Nase … im Bereich der Wangen … im Bereich der Stirn. Summen Sie immer weiter Ihre Melodie. Legen Sie dann eine Hand auf den Kopf und spüren Sie dort die Vibration. Schicken Sie jetzt während des Summens ganz bewusst einen Ton dort oben hin. Spüren Sie jetzt mit beiden Händen, wie sich die Vibration Ihrer Brust anfühlt. Und dann stützen Sie beim Summen die Hände in Ihre Flanken und nehmen Sie dort die Vibrationen wahr.

Öffnen der Resonanzräume durch Vokalisieren

- Atmen Sie tief und entspannt.
- Tönen Sie einige Zeit auf „*U*" und schicken Sie dabei den Ton weit nach unten in Ihren Beckenboden.
- Tönen Sie einige Zeit auf „*O*" und schicken Sie den Ton dabei jetzt in Ihren Bauch.
- Tönen Sie auf „*A*" in Ihr Herz.
- Tönen Sie auf „*E*" in Ihren Hals.
- Tönen Sie auf „*I*" in Ihre Stirn.

Durch diese Übung aktivieren Sie alle wichtigen Bereiche Ihres Körpers.

Ihr Beckenboden ist der Bereich Ihrer Sexualität und Lebenskraft – Ihrer Fähigkeit Lust und Lebensfreude zu empfinden. Ihr Bauch ist der Bereich Ihrer Ich-Stärke und damit Ihrer Fähigkeit, Ihren eigenen Willen zu entwickeln und durchzusetzen. Ihr Herz ist der Bereich Ihres Mitgefühls – Ihrer Fähigkeit herzliche Beziehungen zu anderen Menschen aufzunehmen. Ihr Hals ist der Bereich Ihrer Kommunikation und damit Ihrer Fähigkeit, klar auszusprechen, was Sie fühlen, wollen, denken und glauben. Ihre Stirn ist der Bereich Ihrer Intuition – Ihrer Fähigkeit Ihre eigene Wahrheit zu entdecken und dazu zu stehen.

Sie können mit dieser Übung jeden Morgen Ihren Tag beginnen und fühlen sich danach wach, präsent und aktiviert.

Öffnen der Resonanzräume durch Gähnen

Das Gähnen ist eine Standardübung des Stimmtrainings. Schauspieler und Fernsehsprecher nutzen diese einfache Methode, um die gesamte Körperphysiologie in kurzer Zeit in einen optimalen Zustand für angenehmes und ökonomisches Sprechen zu bringen. Der Mund- und Rachenraum vergrößert sich und führt zu einer Entspannung im Hals und im Bauch. Der gesamte Atem-und Stimmapparat wird voll aktiviert. Mit einem begleitenden Räkeln stellt sich ein wohliges, entspanntes, aktivertes Körpergefühl ein, das wie von selbst eine resonante Stimme hervorbringen kann.

Gähnen Sie:

- Lassen Sie den Unterkiefer locker. Das geht am besten, wenn Sie dabei ein „doofes Gesicht“ machen.
- Öffnen Sie den Mund soweit, dass Ihr Daumen hineingehen würde (ca. 2 cm).
- Warten Sie in dieser entspannten Haltung so lange, bis sich der Gähnreflex einstellt und gähnen Sie dann aus vollem Herzen.
- Räkeln und strecken Sie sich dabei und gähnen Sie laut hörbar und genießerisch.

Immer dann, wenn Sie bemerken, dass Sie gerade nicht bei Stimme sind, dann nutzen Sie diese einfach Möglichkeit und gähnen Sie sich in Stimme und Stimmung.

Die natürliche Sprechstimmlage

Der Begriff Stimmlage bezeichnet die Höheneinstellung der Stimme. Bei intensiven Emotionen wie Aufregung, Begeisterung oder Wut sprechen viele Menschen mit höherer Stimme. Einige befinden sich in einem dauerhaften Verspannungszustand und sprechen ständig mit höherer Stimme als ihnen gut tut. Andere wieder versuchen durch eine übertrieben tiefe Stimme Autorität und Bedeutung zu demonstrieren. Auch das kann ein Dauerzustand werden, der die Stimme belastet und die Person unlaubwürdig erscheinen lässt.
Die natürliche Sprechstimmlage, in der ein Mensch bequem sprechen kann wird Indifferenzlage genannt.

Nutzen Sie die Übungen zum Finden Ihrer eigenen Indifferenzlagen, sodass Sie mit Leichtigkeit lange, genügend laut und verständlich sprechen können.

So finden Sie Ihre natürliche Sprechstimmlage

Stellen Sie sich vor, vor Ihnen steht ein Teller mit Ihrer Lieblingsspeise. Malen Sie sich dieses leckere Bild in allen Einzelheiten aus … sehen Sie die Zutaten … die Farben. Denken Sie an den Geruch dieser vorzüglichen Speise und atmen Sie einmal riechend ein. Bringen Sie jetzt durch ein Summen zum Ausdruck, wie lecker diese Speise ist. Tönen Sie auf *„mmmmm"* mit der Botschaft *„Das ist ja sooo lecker"*, bis Ihre Stimme voll und weich klingt. Stellen Sie sich jetzt vor, Sie haben einen kleinen köstlichen Bissen im Mund und lassen ihn sich genießerisch kauend auf der Zunge zergehen. Machen Sie übertriebene, große Kaubewegungen und tönen Sie dabei genüsslich *„mnjom, mnjom, mnjom"*. Beginnen Sie jedes *„mnjom"* mit einem langen, gesummten *„m"*. Nachdem Sie dies eine Weile getan haben, sprechen Sie nun einige normale Sätze wie: *„Es geht mir gut." – „Ich fühle mich wohl." – „Guten Tag. Was kann ich für Sie tun?"* Bleiben Sie dabei in Ihrer Stimmlage aus der Kauübung.

So aktivieren Sie schnell Ihre Sprechstimmlage

Es wird sich nicht immer einrichten lassen, dass Sie mit der Kauübung Ihre Sprechstimmlage einstellen können. Nutzen Sie in solchen Fällen Ihr emotionales Gedächtnis. Erinnern Sie sich an Ihre Lieblingsspeisen, an das Kauen und an das *„mnjom, mnjom, mnjom"*. Stellen Sie sich vor, Sie würden die Kauübung ausführen und hören Sie innerlich Ihr genussliches *„mnjom"*. Unsere Physiologie ist so eingerichtet, dass die Muskeln schon dann aktiviert werden, wenn wir uns eine Bewegung oder Haltung nur vorstellen. Ihre Kiefer- und Halsmuskulatur wird sich sofort erinnern und sich augenblicklich wieder auf Entspannung und Weite einstellen. Sie kehren wieder in den angenehmen Bereich Ihrer Sprechstimmlage zurück.

1.3 Sprechen

Stimme ist tönendes Fühlen – Sprechen ist tönendes Denken. Während wir durch den Klang unserer Stimme die eigenen Emotionen und die Beziehung zu unserem Gegenüber übermitteln, kommunizieren wir durch das Sprechen unsere Gedanken. Erst mit der Sprache können wir uns auf einer höheren

Ebene verständlich machen. Um verstanden zu werden, brauchen wir mehrere Fähigkeiten: Die Fähigkeit der Artikulation, die Fähigkeit der Wortwahl und die Fähigkeit der Satzbildung. Erst das Zusammenspiel dieser Fähigkeiten ermöglicht uns einen reichhaltigen Ausdruck.

Die folgenden Abschnitte zeigen Ihnen, wie Sie Ihre Fähigkeiten professionellen Sprechens durch gezielte Übungen weiter verbessern können.

Die richtige Artikulation für mehr Deutlichkeit

Unsere Gedanken werden durch Lautbilder transportiert, denen wir gelernt haben eine bestimmte Bedeutung zuzuschreiben. Wenn wir das Lautbild *„Baum“* hören, dann entsteht vor unserem inneren Auge ein Bild von dem, was mit diesem Lautbild gemeint ist. Wir haben also gelernt, Lautbilder mit Bedeutungen zu verknüpfen. Dabei sind wir auf eine deutliche Aussprache dieser Lautbilder angewiesen, denn ansonsten wird aus einem vernuschelten *„Baum“* schnell ein *„Bau“* und vor unserem inneren Augen entsteht ein völlig anderes Bild oder sogar eine leere Leinwand, nämlich dann, wenn wir ein Wort oder einen Satz überhaupt nicht verstanden haben.
Eine deutliche Aussprache ist deshalb für eine klare Verständigung unerlässlich. Das Lautbild *„Baum“* erzeugen wir, indem wir die die Laute B A U und M mit unseren Sprechwerkzeugen bilden und aneinander reihen. Für das B pressen wir die Lippen aufeinander und lassen die im Mundraum angestaute Luft durch eine plötzliche leichte Öffnung der Lippen kurz tönend entweichen. Dann öffnen wir den Mund, lassen den Kiefer nach unten fallen und tönen das A. Jetzt stülpen wir die Lippen nach vorn für das U und zum Schluss schließen wir die Lippen und summen das M.
Die wichtigsten Paramenter unserer Sprechwerkzeuge bei der Lautbildung sind die Kieferstellung (weit oder wenig geöffnet), Lippeneinstellung (Vorstülpen, offene Stellung, Verschluss) und Zungenstellung (flache Ruhestellung, Kontakt

mit oberem Gaumen bei *d, l, n, t, z*). Für eine verständliche Aussprache ist es wichtig auf ausschöpfende Unterkieferbewegungen zu achten, präzise und schnelle Lippenbewegungen auszuführen und die Beweglichkeit der Zunge voll auszunutzen. Erwecken Sie Ihre Sprechwerkzeuge immer wieder vor dem Einsatz und sorgen Sie so für Ihre volle Verständlichkeit. Die folgenden Übungen helfen Ihnen dabei, deutlich und gewandt zu sprechen.

Lippen-Beweglichkeit

- Imitieren Sie unter Lippenflattern ein Motorengeräusch.
- Stülpen Sie die geschlossenen Lippen abwechselnd zu einem spitzen Mund vor und ziehen ihn anschließend breit.
- Blähen Sie die Lippen auf und lassen Sie sie wie eine Seifenblase platzen – auf dem Ton *„bup"*.

Kiefer-Lockerheit

- Gähnen Sie mit weit geöffnetem Mund. Erlauben Sie sich, dabei Geräusche zu machen.
- Machen Sie ein „dummes" Gesicht. Lassen Sie den Kiefer locker herunterhängen und halten Sie den Mund dabei geöffnet.
- Sprechen Sie mit völlig entspanntem Kiefer.

Zungen-Flexibiltät und Ruhestellung

- Lassen Sie die Zunge im Mund zwischen Zähnen und Lippen kreisen – erst in die eine und nach einer Weile in die andere Richtung.
- Sprechen sie *„ma-ma-ma-ma …"* und achten Sie darauf, dass die Zunge flach im Mund liegt und dass die Zungenspitze die ganze Zeit Kontakt mit den unteren Schneidezähnen hat.
- Kombinieren Sie die Zungenlaute *d, l, n, t, z* mit den Vokalen *a, e, i, o, u* zu Lauten und sprechen Sie diese wiederholt aus (z.B. *da da da – de de de – di di di – do do do – du du du, la la la – le le le – usw.*).

1.4 Ausdrucksvermögen entwickeln

Die Fähigkeit, seine Gedanken in eine Form zu bringen, die das Zuhören zu einem Vergnügen werden lässt, unterscheidet erfolgreiche Redner von weniger erfolgreichen. Dabei gelten nach wie vor die alten Gesetzmäßigkeiten des Geschichtenerzählens. Beschreibende, die Sinne und die Emotionen aktivierende Sprache wird leicht verarbeitet, verstanden und erinnert. Zuhörer lieben konkrete Beschreibungen, direkte Rede und lebendige Erzählungen. Wenn Sie Ihre Fähigkeiten, sich sprachgewandt auszudrücken, weiterentwickeln, dann werden Sie schon bald Ihre Gespräche für jeden Zuhörer zu einem Vergnügen machen und damit dauerhaft in angenehmer Errinnerung bleiben und immer wieder gern gesehen und gehört sein.

Sinnesspezifische Kommunikation

Denken Sie für einen Moment an Urlaub. Was war das Erste, das innerlich bei Ihnen auftauchte? Ein Bild? Ein Gefühl? Ein Geräusch? Ein Duft? Ein Geschmack? Wir nehmen die Welt durch unsere 5 Sinne wahr. Wir sehen das Lächeln des Mädchens, wir fühlen den Wind im Haar, wir hören das Lachen der Kinder, wir riechen den Duft des Flieders und wir schmecken die Süße des Weines.
Dabei konzentrieren wir uns oft besonders auf einen bestimmten Wahrnehmungsbereich. Wenn wir Auto fahren, achten wir besonders darauf, was es zu sehen gibt – und nehmen dabei weniger intensiv wahr, wie bequem sich der Autositz anfühlt und wie gut unser Beifahrer riecht. Wir könnten zwar gleichzeitig fühlen und riechen was ist, entscheiden uns aber die meiste Zeit dafür, uns auf das Sehen zu konzentrieren.

> Menschen sind die meiste Zeit auf einen Sinneskanal fokussiert.

Währen Sie diese Zeilen lesen, fokussieren Sie sich auf das, was Sie sehen. Sie fühlen nicht, wie bequem Sie sitzen, außer Sie werden daran erinnert. Sie hören nicht, welche Geräusche

es gerade zu hören gibt, außer Sie werden daran erinnert. Ihre gesamte Aufmerksamkeit wandert in den visuellen Sinneskanal und alle anderen Kanäle werden so lange ausgeblendet.
Das bedeutet, auch Ihr Gesprächspartner befindet sich zu jedem Zeitpunkt mit seiner Aufmerksamkeit hauptsächlich in einem bestimmten Sinneskanal.

> Die Kenntnis des Sinneskanals, den Ihr Gesprächspartner gerade bevorzugt nutzt, kann Ihren Erfolg am Telefon dramatisch verbessern.

Wir alle mögen Menschen, die uns verstehen, und deshalb ist es sinnvoll, Verständnis zu demonstrieren, um einen guten Kontakt zum Gesprächspartner herzustellen. Verständnis für einen Menschen bekommen Sie immer dann, wenn Sie beginnen, die Welt auf seine Art wahrzunehmen. Sie können zunächst damit beginnen zu bemerken, in welchem Sinneskanal sich Ihr Gesprächspartner mit seiner Aufmerksamkeit befindet und gehen dann selbst mit Ihrer Aufmerksamkeit in diesen Kanal.
Achten Sie auf Ihr Fühlen, wenn Ihr Gesprächspartner auf sein Fühlen fokussiert, nehmen Sie Ihre inneren Bilder wahr, wenn Ihr Gegenüber über Bilder spricht und achten Sie auf Ihre inneren Klangvorstellungen, wenn der Andere über Geräusche spricht.
Trainieren Sie Ihre Fähigkeit, mit Ihrer Aufmerksamkeit in jedem Sinneskanal präsent zu sein, damit Sie mental zu Ihren Gesprächspartnern gehen und so Verständnis aufbauen können.

Eine wichtige Regel der Kommunikation lautet:

> Verstehen geht vor verstanden werden.

Durch Ihre Aufmerksamkteit auf die Frage, „*Wo ist der Andere gerade?*“ stellen Sie sicher, das Sie Ihren Gesprächspartner verstehen. Es geht nicht darum, mit dem Anderen übereinzustimmen, sondern zu erfahren und zu respektieren, wie er denkt und fühlt, um ihm dann in seiner Welt begegnen zu können.

Den bevorzugten Sinneskanal des Gesprächspartners bestimmen

Wir benutzen Worte, um unsere Gedanken zu beschreiben, also wird unsere Wahl der Worte zeigen, welchen Sinneskanal wir gerade benutzen.

Die folgenden 3 Beispiele zeigen Ihnen, wie unterschiedlich Menschen über eine Begebenheit berichten, je nachdem, aus welchem Sinneskanal heraus sie wahrgenommen wurde.

1. Person:

„Der Abend im Zirkus war für mich ein bunter Reigen faszinierender Bilder. Den großen, weißen Clown mit seinem breiten Grinsen sehe ich immer noch vor mir. Am besten haben mir die Löwen mit Ihren langen Mähnen gefallen, die in einem hohen Bogen durch die brennenden Reifen gesprungen sind."

2. Person:

„Der Abend im Zirkus war für mich sehr beeindruckend. Ich habe mich sehr wohl gefühlt in dieser heiteren und leichten Atmosphäre. Der Clown mit seinem tapsigen Gang und seinem knautschigen Gesichtsausdruck hat mich einfach zum Lachen gebracht. Diese großen, starken Löwen mit ihren struppigen Mähnen haben mir ganz schön Respekt eingeflößt."

3. Person:

„Der Abend im Zirkus war für mich wie ein Konzert. So verschiedene Töne wurden da angeschlagen – laute und leise, helle und dunkle, harmonische und quietschende. Ich habe schallend über den Clown mit der dünnen Fistelstimme gelacht. Das Brüllen der Löwen ging mir durch und durch und ich habe mir gesagt, so ein lautes Organ hätte ich auch manchmal gern."

Jede Person hat die gleiche Veranstaltung besucht und doch berichten sie von verschiedenen Erfahrungen, weil die erste Person mehr mit dem Sehen dabei war, die zweite Person auf das

Fühlen konzentriert war und die dritte Person sich auf das Hören eingestimmt hatte.
Sicher konnten Sie aufgrund der Wortwahl feststellen, welche Person welchen Sinneskanal hauptsächlich genutzt hat.

Die Schlüsselwörter zur Erkennung des benutzten Sinneskanals sind Verben und Adjektive.

Verben wie strahlen, summen, schmecken, festhalten und duften verweisen auf die unterschiedlichen Sinneskanäle. Adjektive wie hell, laut, schwer, blumig und süß lassen ebenfalls auf einen bestimmten Sinneskanal schließen. Vielleicht haben Sie Spaß daran, wenn Ihnen in den kommenden Wochen bewusst wird, welche Art von Wörtern Ihre Gesprächspartner in einer normalen Unterhaltung bevorzugen. Es ist faszinierend, anderen zuzuhören und zu entdecken, welche Art der sinnesbasierten Sprache sie vorziehen.
Diejenigen, die es lieben, in Bildern zu denken, sehen sich vielleicht besonders gerne Ihre bunten Sprachbilder an. Die Menschen, die hauptsächlich fühlen, genießen es vermutlich, sich von Ihren bewegenden und eindrucksvollen Erlebnissen packen zu lassen. Und alle Zuhörer, die besonders fein auf Klänge und Geräusche achten, lassen sich von Ihnen sicher gern durch Ihre stimmigen Erzählungen berauschen.
Die Kenntnis des bevorzugten Sinneskanals Ihres Gesprächspartners erlaubt es Ihnen, einen exzellenten Kontakt zu ihm herzustellen. Das Geheimnis guter Kommunikation ist nicht so sehr was Sie sagen, sondern wie Sie es sagen.
Um exzellenten Kontakt herzustellen, gleichen Sie Ihre Wortwahl hinsichtlich der Sinneskanäle Ihrem Gesprächspartner an. Sie werden in seiner Sprache sprechen und Ideen in genau der Weise darstellen, wie er darüber denkt. Ihre Fähigkeit, dies zu tun hängt von zwei Dingen ab. Erstens Ihrer Wahrnehmungsfähigkeit beim Beobachten, Hören oder Aufnehmen der Sprachmuster anderer Menschen. Und zweitens davon, dass Sie einen reichen Wortschatz zur Verfügung haben, um im jeweiligen Sinneskanal zu antworten.

Sinnliche Wörter und Redewendungen

**Zeige mir, wie du redest
und ich spreche dich an, wie du fühlst**

Bildhafte Worte

Blick, Vorstellung, Sehen, Perspektive, Illusion, Aussicht, Vision, Show, Panorama, Fokus, Foto, Bild

leuchten, strahlen, schimmern, glänzen, schauen, zeigen, darstellen, vorhersehen, klarmachen

scharf, verschwommen, klar, hell, dunkel, matt, reflektierend, blitzend, schummrig, neblig

Klangliche Worte

Geräusch, Ton, Schrei, Gesang, Klang, Donner, Rede, Knall, Lied, Paukenschlag, Stille, Lärm, Husten

summen, zischen, raunen, räuspern, rufen, flüstern, wispern, donnern, singen, sprechen, klirren

laut, leise, schrill, harmonisch, ruhig, mündlich, sprachlos, krächzend, sonor, schallend, schnarrend

Fühlbare Worte

Berührung, Kontakt, Druck, Spannung, Wärme, Kälte, Atmosphäre, Dichte, Freude, Leichtigkeit

anfassen, begreifen, halten, schieben, ziehen, kratzen, streicheln, berühren, drücken, umarmen

schwer, leicht, glatt, rau, warm, kalt, solide, kompakt, robust, zart, schwebend, erleichternd

Neutrale Worte

Prozess, Wahl, Veränderung, Entscheidung

denken, verstehen, bewerten, bestimmen, lernen, motivieren, überlegen, verändern

bewusst, richtig, falsch, gut, schlecht, allgemein, konkret

Bildhafte Redensarten

Das ist eine Augenweide.

Sie hat eine strahlende Zukunft.

Er hat einen blinden Fleck.

Das steht in den Sternen.

Er sieht den Wald vor lauter Bäumen nicht.

Klangliche Redensarten

Den richtigen Ton anschlagen.

Davon kann keine Rede sein.

Klingelt's bei Dir?

Das ist Musik in meinen Ohren!

Fühlbare Redensarten

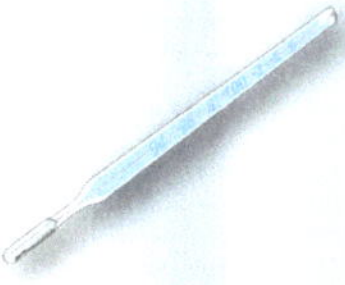

Reibungsloses Funktionieren.

Ist der Groschen gefallen?

Kannst du mir folgen?

Auf eine feste Grundlage stellen.

Mit der folgenden Übung können Sie trainieren, den bevorzugten Sinneskanal Ihres Geprächspartners zu bestimmen. Sie werden überrascht sein, wie leicht es Ihnen in Zukunft fallen wird, aus der Sprache des Anderen herauszuhören, in welchem Sinneskanal er sich gerade aufhält.

Wahrscheinlich gelingt es Ihnen sofort, die folgenden Formulierungen in „bildhaft", „klanglich" und „fühlend" einzuordnen:

- *„Hören Sie mal, Sie werden verstehen, das diese Bestimmung für uns unerhört ist."*
- *„Sehen Sie, es ist doch klar, das diese Entscheidung völlig blind getroffen wurde."*
- *„Mein Gefühl sagt mir, dass Sie unseren Standpunkt gut nachvollziehen können."*
- *„Ich würde mich freuen, wenn wir uns gegenseitig unterstützen können."*
- *„Ich freue mich schon auf einen ruhigen Ausklang."*

Sie werden immer wieder feststellen, dass Sie ganz nebenbei bemerken, auf welchen Sinneskanal die Worte verweisen, die Ihre Gesprächspartner in ihrer Umgangssprache benutzen. Und je mehr Sie Ihr Bewusstsein für diese Realitäten öffnen, desto leichter wird es Ihnen fallen, einen tiefen, vertrauensvollen Kontakt zu Ihren Mitmenschen herzustellen.

Den Gesprächspartner auf seinem bevorzugten Sinneskanal ansprechen

Ihre Fähigkeit, einen exzellenten Kontakt zu anderen aufzubauen hängt von diesen beiden Dingen ab:

- Ihrer Fähigkeit wahrzunehmen, auf welchem Sinneskanal der Empfänger sendet.
- Ihrer Fähigkeit auf dem gleichen Sinneskanal zurückzusenden.

Nachdem Sie während eines Gespräches erkannt haben, ob Ihr Gesprächspartner sich bevorzugt in Bildern, Klängen oder Gefühlen bewegt, können Sie dieses Wissen nutzen und ihn bevor-

zugt auf die Art ansprechen, die er am besten verarbeiten kann. Sie können lernen, Ihre Informationen, Fragen, Bitten und Forderungen empfängergerecht zu verpacken und alles was Sie sagen wollen, in die Welt des Empfängers zu übersetzen.
Es ist ein guter Anfang, mit einfachen Übungen zu beginnen und zu trainieren, das, was man sagen möchte, in bildlicher Sprache auszudrücken. Spater fällt es dann leichter, den gleichen Inhalt in klanglicher und fühlender Sprache zu übermitteln. Hier einige Beispiele:

Sie wollen die Information übermitteln:
„Ich habe dich verstanden und möchte mehr erfahren."

bildhaft: *„Das leuchtet mir alles sehr gut ein. Kannst du mir noch ein konkretes Beispiel vorstellen?"*
klanglich: *„Du sprichst mir aus der Seele. Ich würde gern mehr dazu von dir hören."*
fühlbar: *„Ich begreife, worauf du hinaus willst. Bitte hole noch etwas weiter aus."*

Sie wollen die Information übermitteln:
„Ich bin mit dir einer Meinung."

bildhaft: *„Ich sehe das genau so."*
klanglich: *„Ich stimme dir zu."*
fühlbar: *„Nach meiner Auffassung hast du Recht."*

Probieren Sie es jetzt selbst einmal und übersetzen Sie die folgenden Aussagen jeweils in einen bilderzeugende, einen klangerzeugenden und einen gefühlserzeugenden Satz:

„Ich bin mir sicher, du wirst dein Vorhaben verwirklichen."

bildhaft: ....
klanglich: ....
fühlbar: ....

„Dieses Produkt wird Ihnen viel Freude machen."

bildhaft: ....

klanglich: ....
fühlbar: ....

„Unsere Kunden sind von unserer Dienstleistung begeistert."

bildhaft: ....
klanglich: ....
fühlbar: ....

> Menschen verstehen Sie besser, wenn Sie Ihre Inhalte in dem bevorzugten Wahrnehmungskanal Ihrer Gesprächspartner präsentieren.

Die Fähigkeit, den bevorzugten Wahrnehmungskanal anderer Menschen anzusprechen macht Sie zu einem erfolgreichen Kommunikator, der auf leichte und elegante Weise Verständnis erzeugen kann.

Emotionen kommunizieren

Wenn Sie sprechen, ist es wichtig, dass andere in den Worten, die Sie sprechen, Ihre Gefühle hören können, sonst klingen Sie nicht glaubwürdig und aufrichtig. Neben der Freude in Ihrer Stimme, wenn Sie über Ihren Erfolg sprechen und der Begeisterung in Ihrer Stimme, wenn Sie von Ihrer Gipfelbesteigung reden, brauchen Sie die Fähigkeit, bestimmte Wörter so klingen zu lassen wie das, was sie bedeuten. Zum Beispiel können Sie das Wort *„kurz"* schnell sprechen und das Wort *„laangsaam"* dehnen – oder Sie sagen *„schön!"* mit einer hellen, genießerisch anschwellenden Stimme und *„leise"* indem Sie flüstern. Dadurch sind Sie in der Lage, Emotionen direkt zu übertragen.

Wortbedeutung durch Stimmklang unterstreichen

Finden Sie für die unten aufgelisteten Wörter eine Art sie auszusprechen, die das Gefühl, für das sie stehen, in Ihrer Stimme hörbar macht.

Helfen Sie sich dabei, indem Sie sich einen Moment in Ihrem Leben vorstellen, in dem Sie ein entsprechendes Gefühl erlebt haben und innerlich noch einmal nachvollziehen, was Sie in diesem Moment gesehen haben, noch einmal fühlen, was Sie gefühlt haben und hören, was Sie in diesem Moment gehört haben.
Stellen Sie dabei sicher, dass Sie diese Erfahrung gewissermaßen durch Ihre Augen von damals machen und sich nicht reaktiv von außen beobachten. Denken Sie dann an einen Klang, der dieses Gefühl für Sie repräsentiert.

Neugier	*Lust*	*Begeisterung*
Liebe	*Erstaunen*	*Ruhe*
Freude	*Glück*	*Ermutigung*

Und hier ist eine Liste von Wörtern, die Sie ihrer Bedeutung entsprechend klingen lassen können.

lecker	*herrlich*	*kraftvoll*
breit	*tief*	*hoch*
sanft	*artikuliert*	*stolz*

Die Sprache emotional gestalten

Hier lernen Sie, wie Sie Ihre Fähigkeit diese Worte zu benutzen in ganzen Sätzen und im Sinnzusammenhang einsetzen können.
Sprechen Sie die folgenden Sätze und markieren Sie stimmlich die hervorgehobenen Worte entsprechend ihrer Bedeutung.

- Können Sie sich an eine besonders freudige Erfahrung erinnern, wie zum Beispiel einen wunder-schönen Sonnenaufgang?
- Ich war in dieser wunderbaren Van-Gogh-Ausstellung und sah diese prächtigen Bilder und war einfach überwältigt.
- Diese leckeren Äpfel aus meinem großen Garten können Sie gerne bestellen.

Auf den Punkt gebracht:

So entwickeln Sie Ihre Stimme zu einem Führungsinstrument

- Sorgen Sie für eine eutone, wohlgespannte Körperspannung, indem Sie Ihren Körper in eine günstige Haltung bringen. Sitzen oder stehen Sie aufrecht, mit beiden Beinen fest auf dem Boden und den Kopf gerade nach oben getreckt.
- Sorgen Sie für ein tiefe Atmung, indem Sie den Bauch entspannen und die Einatmung einfach geschehen lassen. Atmen Sie tief in den Bauch und sprechen Sie tief aus dem Bauch.
- Sorgen Sie für weite Resonanzräume, indem Sie den Kiefer entspannen, die Mundhöhle öffnen, den Brustkorb heben und den Bauch entspannen. Durch die Weite Ihrer Resonanzräume und die Entlastung Ihres Kehlkopfes ist jederzeit entpanntes Reden möglich.
- Sprechen Sie in Ihrer natürlichen Sprechstimmlage. Sie finden Ihre natürliche Sprechstimmlage, indem Sie mit kauenden Bewegungen Ihres Kiefers genüsslich summen, wie bei einem leckeren Essen.
- Sorgen Sie für eine deutliche Artikulation, indem Sie Ihre Artikulationswerkzeuge Lippen, Zunge und Kiefer durch ständiges Üben beweglich, locker und flexibel halten.
- Beginnen Sie herauszuhören, welchen Sinneskanal Ihr Gesprächspartner aktuell bevorzugt und sprechen Sie ihn auf diesem Kanal an. Indem Sie so die Sprache Ihres Gesprächspartners sprechen, wirken Sie sympathisch und überzeugend.
- Versuchen Sie die in den Worten schwingenden Emotionen zu erfassen und ihnen stimmlich Ausdruck zu verleihen. Die Aufmerksamkeit Ihres Gesprächspartners ist Ihnen gewiss!

2 Telefon-Strategien

Wer nicht weiß wo er hin will, wird nirgends ankommen

Bei einem guten Essen entscheidet sowohl die Qualität der Zutaten als auch die Art der Zubereitung über das Ergebnis. Ebenso verhält es sich bei einem gelungenen Anruf. Die Zutaten sind Ihre Stimme und Ihre Wortwahl. Ohne sie geht es nicht. Und doch reichen sie allein nicht aus, um gute und erwünschte Ergebnisse zu erzielen. Die Art und Weise, Stimme und Sprache einzusetzen, die richtige Mischung und Reihenfolge von Fragen, Antworten, Informationen und Emotionen führt erst in ihrer Gesamtkomposition zum Erfolg. Die Kenntnis und Anwendung der folgenden Strategien wird Sie in die Lage versetzen, am Telefon die Wirkung zu erzielen, die Sie sich wünschen.

Auf die richtige Reihenfolge und die richtigen Zutaten kommt es an

2.1 Fragetechniken

Stellen Sie sich vor, der Servicemitarbeiter eines Unternehmens begrüßt alle Anrufer mit der Frage: *„Haben Sie ein Problem?“* und ein anderer Mitarbeiter fragt alle Anrufer: *„Wie kann ich Ihnen helfen?“*. Wer, glauben Sie, ist beliebter und erfolgreicher?
Fragen sind eine wirkungsvolle Kommuniktationstechnik, die Sie nutzen können, um sich Freunde zu machen, Informationen zu gewinnen und Kunden an sich zu binden. Die richtige Art, Fragen zu stellen ist eine Kunst, die sich zu lernen lohnt, denn wer die richtigen Fragen stellt, bekommt die Reaktionen und Informationen, die er sich wünscht.

Offene Fragen

Offene Fragen sind Fragen, die zu einer längeren Antwort einladen.
Sie regen den Gefragten an, aktiv zu werden und eigene Gedanken, Vorschläge und Ideen zu produzieren. Sie sind gut dafür geeignet, eine Gesprächssituation zu schaffen.

Beispiele:

- *„Welche Anforderungen stellen Sie an eine Warenwirtschaft, Herr ... ?“*
- *„Wie bewerkstelligen Sie derzeit Ihre Absatzplanung?“*
- *„Was sagen Sie zu unserem Angebot?“*

Sie können in die Breite fragen:

- *„Was gehört Ihrer Meinung nach noch alles dazu?“*
- *„Welche Lösungen sind noch denkbar?“*
- *„Welche Ursachen könnte es noch haben?“*

Sie können in die Tiefe fragen:

- *„Wie genau stellen Sie sich das vor?“*
- *„Was gehört alles mit dazu?“*
- *„Welcher Aspekt ist Ihnen besonders wichtig?“*

Sie können den Blickwinkel Ihres Gesprächspartners verändern:

- *„Was glauben Sie, würde Ihr Vorgänger jetzt tun?*
- *„Was erwartet denn der Kunde von Ihrem Produkt?“*
- *„Was würde Ihr Berater dazu sagen?“*

Geschlossene Fragen

Geschlossene Fragen können mit Ja oder Nein oder einer einfachen Feststellung beantwortet werden.
Sie können damit schnell Informationen gewinnen.

Beispiel:

- *„Sind Sie verantwortlich, Herr …, wenn es um Softwareentwicklung geht?“*
- *„Welches Budget haben Sie eingeplant?“*
- *„Handelt es sich hier um Individual-Software?*

Sie können geschlossene Fragen auch dafür einsetzen, ein Gespräch wieder in die gewünschte Richtung zu lenken.

- *„Hatten Sie nicht gesagt, Sie wollen eine positive Veränderung?“*
- *„Wollen wir wieder zum Thema zurückkehren?“*

Außerdem können Sie mit einer geschlossenen Frage eine getroffene Abmachung besiegeln.

- *„Sind wir uns einig?“*
- *„Machen wir das so?“*

Suggestiv-Fragen

Suggestiv-Fragen sind beeinflussende Fragen. Setzen Sie solche Fragen sehr vorsichtig ein, denn sie könnten Ihren Gesprächspartner schnell verärgern.
Prüfen Sie, ob der Einsatz dieser Fragetechnik Ihrem Gesprächspartner nutzt. Die Frage sollte Ihren Gesprächspartner

in eine Richtung führen, die für ihn selbst wünschenswert ist, andernfalls könnte er sich übervorteilt fühlen.

- *„Sie sind doch sicher auch an einer Umsatzsteigerung interessiert?"*
- *„Welche positiven Auswirkungen könnte es denn für Sie haben, wenn Sie dieses Angebot annehmen?"*
- *„Wie möchten Sie unser Angebot erhalten?"*

Alternativ-Fragen

Alternativ-Fragen beinhalten Antwortmöglichkeiten, zwischen denen der Gefragte wählen kann.

Die Alternativ-Frage hilft dem Ansprechpartner, eine Entscheidung zu treffen:

- *„Ist Ihnen die fünfte oder sechste KW lieber, Herr … ?"*
- *„Treffen Sie noch in diesem – oder erst im nächsten Quartal eine Entscheidung?"*
- *„Planen Sie ein Zeiterfassungssystem zunächst für Ihre Zentrale oder gleichzeitig für alle Filialbetriebe?"*

Alternativ-Fragen sind auch gut geeignet, den Gesprächspartner auf Ideen zu bringen, wenn ihm gerade nichts einfällt.

- *„Möchten Sie vielleicht spazieren gehen, oder ein Nickerchen halten oder etwas anderes?"*
- *„Wollen Sie ein elegantes Design, ein klassisches, ein formales oder etwas anderes?"*

Detail-Fragen

Detail-Fragen können Sie verwenden, um mehr spezifische Informationen über einen Sachverhalt zu bekommen. In jedem Satz, den wir hören, sind Informationen verkürzt, verallgemeinert oder verzerrt dargestellt.
Wenn jemand zu Ihnen sagt: *„Ich hatte einen großen Erfolg"*, dann fehlen Ihnen jede Menge Informationen über diese Bege-

benheit. Ein guter Test, um die Tiefe und Ausführlichkeit eines Satzes zu prüfen, ist die Frage, *„Kann ich mir innerlich einen detaillierten Film dazu machen, der mit der tatsächlichen Begebenheit übereinstimmt?"*
Sie können eine bestimmte Art von Fragen benutzen, um Ihren inneren Film detaillierter werden zu lassen, um die Tiefenstruktur der Information an die Oberfläche zu bringen.

Sie können nach Dingen – Substantiven – fragen, die noch mit dazugehören:

- *„Wer war alles dabei?"*
- *„Welche Gegenstände hast du gesehen?"*
- *„Was ist dir noch aufgefallen?"*

Sie können nach Prozessen – Verben – fragen, die noch mit dazu gehören:

- *„Wie genau hat er Sie begeistert?"*
- *„Wie genau hat er sich verhalten?*
- *„Wie genau haben Sie das gemacht?*

Sie können nach Sinneseindrücken – Adjektiven – fragen:

- *„Wie hat es sich angefühlt?"*
- *„Welche Farben sind Ihnen aufgefallen?"*
- *„Wie hat es sich angehört?"*

Problem-Analyse-Fragen

Problem-Analyse-Fragen beleuchten den unerwünschten, gegenwärtigen, ändernswerten Zustand. Sie helfen Ihnen und Ihrem Gesprächspartner, die Struktur des Problems zu verstehen. Eine gute Ist-Analyse ist die Basis für eine wirkungsvolle Lösung. Achten Sie bei diesen Fragen darauf, dass Sie Ihren Gesprächspartner nicht in einen dauerhaften Problemzustand führen. Unterbrechen Sie während dieser Gesprächsphase immer wieder den Problemfokus, indem Sie Ziel- oder Ressource-Fragen stellen (siehe unten).

Sie können allgemein nach der Problembeschreibung fragen.
Dadurch verschaffen Sie sich Überblick und Verständnis für das Thema.

- *„Was ist das Problem?“*
- *„Was ist nicht in Ordnung?“*
- *„Was stört Sie?“*

Sie können nach den Anzeichen fragen, um zu verstehen, wie sich der als Problem wahrgenommene Sachverhalt äußert.

- *„Wie zeigt sich das Problem?“*
- *„Welche Warnsignale lassen Sie ein Problem vermuten?“*
- *„Woran erkennen Sie, dass da ein Problem besteht?“*

Sie können nach inneren Strukturen des Gesprächspartners fragen, die das Problem hervorrufen.
Dies sollten Sie aber nur dann tun, wenn Sie das Mandat des Gesprächspartners haben, da diese Fragen einerseits seine Persönlichkeit betreffen und Sie andererseits damit bereits eine Intervention vornehmen.

- *„Welche inneren Widerstände haben Sie, die der Lösung des Problems im Wege stehen?“*
- *„Wie kommt es dazu, dass Sie damit besondere Schwierigkeiten haben?“*
- *„Welchen Vorteil ziehen Sie aus diesem Sachverhalt?“*

Ziel-Fragen

Ziel-Fragen fokussieren auf ein erwünschtes Ergebnis und ermöglichen dem Gesprächspartner von „Weg-von-Programmen“ zu „Hin-zu-Programmen“ umzuschalten. Sie öffnen den Geist für das Erwünschte und unterbrechen damit Problemmuster.
Was glauben Sie geschieht, wenn Sie Ihrem nörgelnden Gesprächspartner die Frage stellen *„Und was möchten Sie stattdessen?“* Er wird warscheinlich seinen Problemfocus verlassen, und nach einigen Momenten der Verwirrung seinen Ziel-

focus einschalten. Sie können mit Ziel-Fragen Menschen wirkungsvoll unterstützen, indem Sie ihnen helfen, sich darüber bewusst zu werden, was genau sie denn wollen.

Sie können allgemeine Fragen stellen, die einen Ziel-Fokus aufbauen.

- *„Was möchten Sie erreichen?"*
- *„Wie stellen Sie sich die Lösung vor?"*
- *„Wobei soll ich Ihnen helfen?"*

Sie können tiefer gehende Beweiskriterien erfragen, die den Gesprächspartner wissen lassen, dass er sein Ziel erreicht hat.

- *„Woran werden Sie erkennen, dass Sie Ihr Ziel erreicht haben?"*
- *„Was werden Sie sehen, wenn Sie fertig sind?"*
- *„Was machen Sie, wenn Sie das Problem gelöst haben?"*

Sie können Fragen stellen, die den Zielkontext genauer definieren helfen.

- *„Wann wollen Sie fertig sein?"*
- *„Wo wollen Sie diese Fähigkeit überall einsetzen?"*
- *„Mit wem möchten Sie dieses Ziel erreichen?"*

Ressource-Fragen

Mit Ressource-Fragen können Sie positive, problemlösende und zielerreichende Zustände bei Ihrem Gesprächspartner aktivieren.
Kommunikation ist nur unter Gleichen möglich! Sorgen Sie deshalb dafür, das Ihr Gesprächspartner auf seine eigenen Ressourcen zugreifen kann.

Sie können Ihren Gesprächspartner nach positiven Erfahrungen fragen.

- *„Wie fühlen Sie sich nach einer gemeisterten Aufgabe?"*
- *„Wann haben Sie sich zuletzt so richtig gut gefühlt?"*

- *„Auf welche Weise konnten Sie sich bisher besonders gut fühlen?"*

Sie können Ihren Gesprächspartner nach seinen Fähigkeiten fragen, die ihm zur Verfügung stehen.

- *„Was können Sie besonders gut?"*
- *„Auf welche Fähigkeit sind Sie besonders stolz?"*
- *„Welche Ihrer vielen Fähigkeiten könnten Sie in dieser Situation einsetzen?"*

2.2 Beziehungsmanagement

Andere Menschen sind die stärkste Kraft und die größte Ressource, die Ihnen außer sich selbst zur Verfügung steht. Das Gefühl von Freude und Sympathie, das Sie spüren können, wenn Sie mit Menschen zusammen sind, die Sie mögen, ist es wert, ein fester Bestandteil Ihres Lebens zu werden. Beginnen Sie, eine Kultur des Austauschs, der Begegnung, des Kontaktes zu pflegen und Ihr Leben wird sich bald noch reicher, noch lebendiger und noch wärmer anfühlen. Wir alle brauchen Kontakt und Begegnung und es bereichert unseren Tag, wenn wir alle die guten Bekannten, die wir haben, immer wieder mit unserer Aufmerksamkeit und unserem Interesse bedenken.
Beziehung ist nichts selbstverständliches, das Sie „haben". Beziehung entsteht! Durch Ihr Verhalten. Überlegen Sie einmal, wann Sie die Menschen, die Ihnen wichtig sind, das letzte Mal angerufen haben um ein paar Minuten vergnügt zu plaudern, um zu lachen oder sich einfach nach ihnen zu erkundigen.

Auch im Beruf ist es wichtig für Sie, den Kontakt zu wichtigen Menschen zu pflegen.

Spontane Anrufe

Nehmen Sie sich die Freiheit, Menschen, die Ihnen etwas bedeuten, spontan anzurufen. *„Ich wollte einfach mal freundlich Hal-*

lo sagen", ist eine Einleitung für eine kurze persönliche Plauderei, die dem Gesprächspartner das Gefühl gibt, wichtig und anerkannt zu sein. Diese Art von Gesprächskultur wird Ihnen leicht fallen, wenn Sie folgende Haltung entwickeln und leben:

> Jeder Mensch ist ein einzigartiges Geschenk, voller innerem Reichtum, der viele interessante und liebenswerte Seiten hat.

Sehen Sie Ihre beruflichen Kontakte bitte nicht bloß als Erfüllungsgehilfen für Ihren persönlichen Erfolg, sondern auch als das, was sie vor allem sind: einzigartige Menschen. Diese Haltung macht jeden Anruf zu einer Freude und Ihre Gesprächspartner werden Sie mehr und mehr in ihr Herz schließen, weil sie spüren können, dass Ihr Interesse und Ihre Freundlichkeit echt sind.

Gezielte Anrufe

Ein großer Kundenkreis erfordert eine professionelle Form der Beziehungspflege. Richten Sie für Ihre Stammkunden eine regelmäßige Beziehungspflege ein. Sie können sich einfach in Erinnerung rufen, indem Sie sich auf den letzten Kontakt beziehen und sich nach der gegenwärtigen Situation erkundigen.

A: *„Guten Tag, Herr Fröhlich, mein Name ist Anton Ringel von der Firma Personaltraining Berlin. Wir haben uns vor einem halben Jahr kennen gelernt, als ich in Ihrem Unternehmen ein Telefontraining durchgeführt habe. Erinnern Sie sich?"*

B: *„Hallo Herr Ringel. Ja natürlich erinnere mich. Besonders an die Tomate."* (lacht)

A: *„Ach, Sie meinen die Übung zum Thema ‚Gut-drauf-sein'! Ja, die ist immer ein schöner Lacher. Herr Fröhlich, ich rufe Sie an, um von Ihnen zu hören, wie Sie im Moment den Qualifikationsbedarf Ihrer Mitarbeiter im Bereich Software- und Softskills-Training einschätzen."*

B: *„Unsere Call Center Agents sind fit, aber die Teamleiter wollen mal eine Überblicksschulung für Projektmanagement-Software haben."*

A: *„Na, das trifft sich ja ausgezeichnet. Ich habe im letzten Monat meine Recherchen zu diesem Thema in einem neuen Seminarkonzept zusammengefasst. Ich schicke Ihnen gleich ein Angebot zu. Möchten Sie es lieber per Post oder per Mail zugeschickt haben." …*

Diese Art der Beziehungspflege ist eine wirkungsvolle Möglichkeit, bereits bestehende Kontakte zu vertiefen, sich in Erinnerung zu rufen und weitere Geschäfte zu initiieren.

Tipp-Anrufe

Gute Beziehungen beruhen auf einem ausgewogenen Geben-und-nehmen-Prinzip. Tun Sie Ihren wichtigen Menschen immer wieder einmal einen Gefallen, indem Sie ihnen Tipps geben zu Themen, die sie interessieren. Das erfordert natürlich, dass Sie wissen, was Ihre Gesprächspartner interessiert, und um das herauszufinden, ist es gut, sich eine Haltung von ständigem Interesse an anderen Menschen zuzulegen.
Vielleicht lesen Sie gerade in der Zeitung etwas über Bergsteigen und erinnern sich an Herrn Hoch, der leidenschaftlicher Bergsteiger ist und immer nach neuen Herausforderungen sucht. Rufen Sie Ihn an und berichten Sie ihm von Ihrer Entdeckung. Faxen Sie Ihm anschließend den Artikel. Sie haben ihm damit eine doppelte Freude gemacht: Er erlebt, mit seinen Interessen wahrgenommen zu werden und er bekommt einen wertvollen Hinweis für seinen nächsten Ausflug.
Auf diese Weise nehmen Sie die Informationen um sich herum noch einmal mit einem ganz anderen Filter wahr, nämlich dem Filter *„Was ist gut daran?"* und dem Filter *„Wem nützt das?"* Sie werden überrascht sein, mit wie vielen „Geschenken" und Freundlichkeiten Sie Ihren Mitmenschen plötzlich begegnen werden.

Beziehungspflege ist ein wichtiger Erfolgsfaktor

2.3 Verkaufstechniken

Verkaufen ist eine Kunst und ein Handwerk. Wie jeder Künstler und jeder Handwerker braucht auch ein Verkäufer neben allem Geschick außerdem eine gute Strategie.
Ein Geigenbauer beginnt nicht mit dem Spannen der Saiten, sondern er fängt an, das Holz auszuwählen, das für seine Instrumente geeignet ist. Er lagert das Holz eine bestimmte Zeit, schneidet dann die Einzelteile zu, schleift sie schön glatt und verleimt sie sorgfältig miteinander. Jeder Schritt ist wichtig und keiner darf übersprungen werden. Nach dem Zuschnitt muss der Geigenbauer irgendwann die Einzelteile miteinander verbinden. Davor muss er erkannt haben, dass genug Teile zugeschnitten sind, sodass er mit dem Schneiden aufhören kann.
Es ist wichtig zu erkennen, wann ein Schritt abgeschlossen ist, damit man dann zum nächsten übergehen kann. Einen Kunden, der kaufen will, braucht man nicht mehr von den Qualitäten sei-

nes Produkts überzeugen. Man lässt ihn den Kaufvertrag unterschreiben. Dafür braucht man die Fähigkeit zu erkennen, dass der Kunde kaufen will, also Kaufbereitschaft wahrzunehmen. Jede Kunst und jedes Handwerk braucht also Fähigkeiten, um bestimmte Prozessschritte zu gehen, Wissen über die richtige Reihenfolge, in der die Prozessschritte durchlaufen werden und die Wahrnehmungsfähigkeit zu erkennen, wann ein Prozessschritt beendet ist und der nächste gestartet werden kann.
Für den Verkauf bedeutet das, Sie brauchen eine Vorstellung davon, aus welchen Schritten der Kaufprozess besteht, Sie brauchen eine gute Wahrnehmungsfähigkeit um zu erkennen, an welcher Stelle des Kaufprozesses der Kunde sich gerade befindet und Sie brauchen die Fähigkeit, den Kunden durch die einzelnen Kaufprozessschritte zu begleiten.

Die Phasen des Kaufprozesses

Fall 1: Der Kunde weiß schon, dass er kaufen will

Stellen Sie sich vor, Herr Müller entscheidet sich, einen Computer zu kaufen und genau in diesem Moment klopft der Verkäufer Fröhlich an seine Tür und sagt *„Guten Tag, ich verkaufe Computer. Haben Sie Interesse?"*, dann lautet die Antwort auf diese Gelegenheit wahrscheinlich *„Ja"*.
Herr Müller wird Herrn Fröhlich hereinbitten und sich beraten lassen. Herr Fröhlich wird Fragen stellen wie *„Wofür wollen Sie denn den Computer einsetzen?"* und Empfehlungen geben wie *„Sie sollten auf eine ausreichende Prozessorleistung achten"*. In dieser Phase tritt Herr Fröhlich als Berater auf.
Nachdem der Kunde Müller nun weiß, worauf er achten muss, möchte er wissen, welche Eigenschaften denn die Angebote von Verkäufer Fröhlich haben und lässt sich darüber informieren. In dieser Phase wird Herr Fröhlich zum Informanten.
Während er die Eigenschaften seiner Computer nennt, kann er gleichzeitig als Experte die positiven Besonderheiten anpreisen, und zum Beispiel sagen *„Dieser Prozessor hat für Ihre Bedürfnisse ein ausgezeichnetes Preis-Leistungs-Verhältnis"*.

Wenn Herr Fröhlich durch sein Auftreten Vertrauen aufbauen konnte und Herr Müller das Gefühl hat, dass ein Computer der richtige für ihn ist, dann kann Herr Fröhlich ein schriftliches Angebot unterbreiten und Herr Müller wird das Angebot annehmen und mit seiner Unterschrift eine Kaufzusage machen. Herr Fröhlich verkauft in dieser Situation fast automatisch, wenn er den Kunden durch alle Phasen des Kaufens begleitet. Genauso gut kann er den Kunden aber auch davon abhalten zu kaufen, indem er zum Beispiel sofort ein einziges Angebot macht und ihn gleich auffordert zu unterschreiben.
Machen Sie sich bewusst, dass Sie es mit Kunden zu tun haben werden, die etwas kaufen wollen. Für diesen Fall ist es wichtig zu wissen, in welcher Phase des Kaufens sich der Kunde gerade befindet. Wenn er sich schon entschieden hat, ein Produkt zu kaufen, brauchen Sie ihn nicht mehr davon zu überzeugen, welchen Nutzen es hat. Wenn der Kunde bereits weiß, welche Eigenschaften des Produkt haben soll, dann brauchen Sie ihn nicht mehr zu beraten, sondern können ihn gleich darüber informieren, welche Produkte die gewünschten Eigenschaften haben.

Das bedeutet:

- Wenn der Kunde kaufen will – beraten Sie ihn. Machen Sie sich zu seinem Verbündeten. Bauen Sie Vertrauen und Sympathie auf. Seien Sie Berater.
- Wenn der Kunde nach konkreten Einzelheiten fragt – informieren Sie ihn. Seien Sie Informant.
- Wenn der Kunde sich informiert – preisen Sie an, empfehlen Sie. Seien Sie Experte.
- Wenn der Kunde informiert ist – machen Sie ihm konkrete Angebote. Seien Sie Anbieter.
- Wenn der Kunde überlegt – unterstützen Sie ihn darin, eine Entscheidung zu treffen. Seien Sie Motivator.
- Wenn der Kunde sich entschieden hat – bewegen Sie ihn zu einer Kaufzusage. Seien Sie Imperator.
- Wenn der Kunde den Kauf zugesagt hat – gratulieren Sie ihm. Seien Sie Gratulant.

Phasen des Kaufprozesses

Holen Sie Ihre Kunden dort ab, wo sie stehen

Der Kunde weiß schon, dass er kaufen will:

„Ich will einen Computer!“ — *„Was gibt es?“*

Wunsch — Informationen sammeln

Verkäufer als

Berater
- informieren
- beraten

Der Kunde weiß noch nicht, dass er kaufen will:

„Ich brauche nichts!“ — *„Ach, sowas gibt es?“*

Kein Wunsch — Informationen erhalten

Verkäufer als

Informant
- informieren
- beschreiben

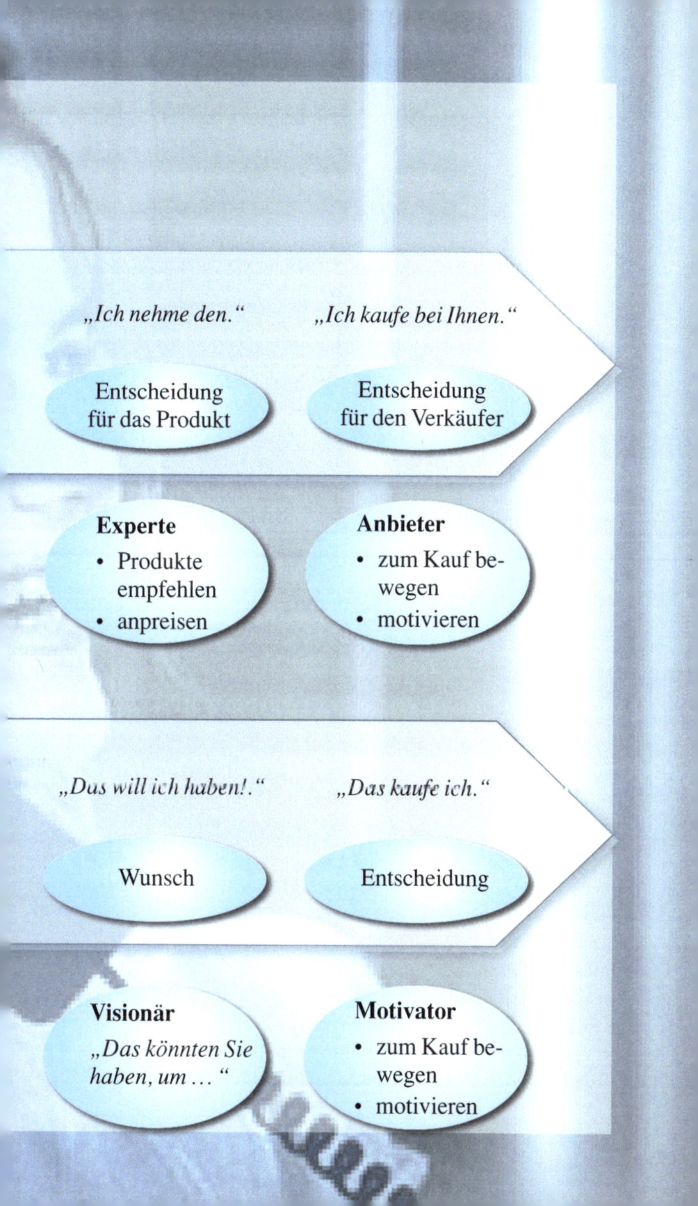

„Ich nehme den.“
„Ich kaufe bei Ihnen.“
Entscheidung für das Produkt
Entscheidung für den Verkäufer
Experte
• Produkte empfehlen
• anpreisen
Anbieter
• zum Kauf bewegen
• motivieren
„Das will ich haben!.“
„Das kaufe ich.“
Wunsch
Entscheidung
Visionär
„Das könnten Sie haben, um … “
Motivator
• zum Kauf bewegen
• motivieren

Sie werden dann etwas verkaufen, wenn Sie erkennen, in welcher Kaufphase sich der Kunde befindet und ihn von dort aus durch die weiteren Phasen begleiten.

Verkaufen bedeutet, Menschen darin zu unterstützen, Entscheidungen zu treffen, mit denen sie sich gut fühlen. Wenn Sie sich darauf fokussieren, dann werden Sie erfolgreich verkaufen.

Fall 2: Der Kunde weiß noch nicht, dass er kaufen will

Stellen Sie sich vor, Herr Müller sitzt zu Hause und fühlt sich zufrieden. Plötzlich klingelt es und vor der Tür steht Herr Fröhlich und fragt mit einem Strahlen *„Guten Tag, ich verkaufe Geräte, mit denen man schreiben, rechnen, faxen, mailen, Filme anschauen und spielen kann. Ich würde Ihnen so ein Gerät gern mal ganz unverbindlich vorstellen. Haben Sie Lust, mal kostenlos ein witziges Fax zu verschicken, um jemanden eine Freude zu machen?"*

Häufig wird ein Herr Müller in so einem Fall neugierig und von der guten Laune des Verkäufers angesteckt und bittet ihn herein. Und nach einer Stunde ist er begeistert und überzeugt davon: *„So ein Computer ist gut für mich"*. Jeder Mensch ist auf eine bestimmte Art unwissend. Viele Menschen wissen nichts von bestimmten Dingen, die gut für sie sind. Vor 100 Jahren vermisste niemand ein Faxgerät. Hätte damals schon jemand die Technologie anbieten können, dann wären sicher viele Menschen begeisterte Besitzer dieses Gerätes geworden. Und genauso gibt es heute und zu jeder Zeit Dinge, von denen wir noch nicht wissen, dass sie uns gut tun. Ein Verkäufer hat dann die Aufgabe, Sie darüber zu informieren, was Sie Gutes für sich tun können.

Machen Sie sich bewusst, dass Sie mit Ihrem Anruf möglicherweise auf jemanden treffen, der noch gar nichts von seinem Glück weiß. Wenn Sie dem erzählen *„Ich habe da für Sie einen preiswerten Hybrid-Computer"*, dann könnte es sein, dass er fragt *„Was ist denn das und was soll ich damit?"*.

In diesem Fall ist es sinnvoll, mit der Beschreibung der Fähigkeiten und Vorteile des Gerätes zu beginnen, um dem potenziellen Kunden eine Vorstellung davon zu geben, was er da Tolles haben kann.
Sie könnten sagen *„Wir verkaufen absturzsichere Computer, die 10 mal so schnell sind wie herkömmliche und nur ein Zehntel der Energie verbrauchen. Was halten Sie davon, Ihre Verluste durch Computerabstürze zu beenden und Ihre Effekivität um 20 Prozent bei sinkenden Energiekosten zu steigern?"*
Sie bekommen wahrscheinlich nach einiger Zeit ein Gefühl dafür, dass Sie in vielen Fällen Ihre Kunden erst einmal davon überzeugen müssen, dass Ihr Produkt oder Ihre Dienstleistung gut für sie ist. Und je mehr Erfahrung Sie darin haben einzuschätzen, wie viel Ihr potenzieller Kunde schon über die Vorteile Ihres Produktes weiß, desto zielgerichteter können Sie diesen wichtigen Prozessschritt der Produkterklärung einsetzen. Das bedeutet:

> Wenn Ihr potenzieller Kunde Ihr Produkt nicht kennt – dann beschreiben Sie ihm ausführlich dessen Eigenschaften, Nutzen und Vorteile. Seien Sie der Verkünder einer frohen Botschaft.

Sie werden dann etwas verkaufen, wenn Sie den potenziellen Kunden von dem Mehrwert überzeugt haben, den das Produkt für ihn darstellt. Verkaufen kann bedeuten, Menschen darüber zu informieren, was Sie sich Gutes tun können. Sie tun Ihren Kunden damit einen großen Gefallen! Sie können sehr erfolgreich Produkte verkaufen, wenn Sie von der positiven Wirkung für Ihre Kunden felsenfest überzeugt sind und diese Überzeugung glaubwürdig kommunizieren.

Käuferbedürfnisse ermitteln und ansprechen

Bitte nehmen Sie sich einige Momente Zeit und beantworten Sie die folgenden Fragen, indem Sie über jede Frage einige Zeit nachdenken und dann die Antworten aufschreiben:

- Warum kaufen Sie sich Schuhe?
- Warum kaufen Sie sich eine Jacke?
- Warum kaufen Sie sich ein Buch?

Ihre Antworten zielen wahrscheinlich auf bestimmte Bedürfnisse, die Sie mit dem Kauf der genannten Produkte befriedigen: Sie möchten in einem bestimmten Gelände gut zu Fuß sein, Sie möchten nicht frieren oder Sie möchten sich über ein bestimmtes Thema informieren.

Erst wenn Sie die Bedürfnisse Ihrer Kunden wirklich kennen, können Sie mit einem guten Gefühl Ihre Produkte oder Dienstleistung verkaufen, wenn diese die Bedürfnisse Ihrer Kunden tatsächlich befriedigen.

> Die innere Überzeugung: *„Mein Produkt befriedigt Bedürfnisse meiner Kunden“* ist die Voraussetzung für ein überzeugendes Verkaufsgespräch.

Bevor Sie Ihr erstes Verkaufsgespräch beginnen, stellen Sie sich daher vor, Sie befragten einen Kunden, der vielleicht an Ihrem Produkt interssiert ist: *„Warum wollen Sie dieses Produkt eigentlich kaufen?“* Und dann versetzen Sie sich in die Lage dieses Kunden und beantworen Sie schriftlich aus seiner Position heraus diese Frage.

Die Antworten, die Sie aus der Sicht des Kunden geben, sind wichtige Bausteine Ihrer erfolgreichen Verkaufsstrategie. Der Beginn eines Kaufes ist stets ein mehr oder weniger dringendes Bedürfnis, aus dem sich ein Kaufwunsch ergibt. Verspürt Ihr Kunde bereits einen Kaufwunsch, dann brauchen Sie natürlich nicht weiter nach seinen Bedürfnissen zu fragen, sondern können gleich zum nächsten Schritt übergehen. Ein Schuhverkäufer, dessen Geschäft Sie betreten, wird Sie ja auch nicht fragen *„Warum wollen Sie denn Schuhe kaufen?“*

Aber oft ist es so, dass Sie einen der folgenden Fälle vorfinden werden:

- Der potenzielle Kunde hat zwar bestimmte Bedürfnisse, aber keinen aktuellen Kaufwunsch bezüglich eines konkreten Produktes.

- Der potenzielle Kunde ist sich über seine Bedürfnisse nicht im Klaren.

Hat der Kunde bestimmte Bedürfnisse, aber noch keinen Kaufwunsch, dann können Sie diesen Kaufwunsch erzeugen, indem Sie ihm zeigen, wie er seine Bedürfnisse mit Ihrem Produkt befriedigen kann. *„Möchten Sie Ihren Stress hinter sich lassen, einfach mal abschalten und sich auf einer traumhaften Insel in der Sonne erholen? Dann empfehle ich Ihnen einen Besuch auf der karibischen Insel St. Martin mit ihren langen weißen Sandstränden, ihrer prächtigen tropischen Vegetation und den blauen Lagunen."*

Ist der Kunde sich noch nicht im Klaren darüber, welche Bedürfnisse er hat, dann können Sie ihn darin unterstützen, sich seiner Bedürfnisse bewusst zu werden und ihn ermutigen, seine Bedürfnisse zuzulassen und zu befriedigen. Bedürfnisse sind für viele Menschen ein Tabu.

Es fällt uns schwer, zu sagen *„Ich möchte … "*, *„Ich wünsche mir … "* oder sogar *„Ich brauche … "*. Und doch gibt es viele Dinge, die wir brauchen, uns wünschen oder haben möchten. Je mehr Sie sich selbst darüber bewusst sind, was Sie brauchen oder sich wünschen und je leichter es Ihnen fällt, sich selbst diese Bedürfnisse zu erlauben, desto leichter wird es Ihnen auch fallen, andere darin zu unterstützen, ihre Bedürfnisse zu befriedigen.

Werte und Anforderungen ermitteln und ansprechen

Wenn der Kunde einen Kaufwunsch nach einem bestimmten Produkt verspürt, dann wird er auf eine ganz bestimmte Art und Weise nach diesem Produkt suchen. Damit Sie verstehen, wie der Kunde nach seinem Produkt sucht, nehmen Sie sich wieder etwas Zeit und beantworen Sie die folgenden Fragen schriftlich:

- Wie sollen die Schuhe sein, die Sie kaufen wollen?
- Wie soll die Jacke sein, die Sie kaufen wollen?
- Wie soll das Buch sein, das Sie kaufen wollen?

Wahrscheinlich haben Sie jetzt bestimmte Anforderungen und Wertansprüche an Qualität und Ausführung der Produkte formuliert. Sie wollen bequeme Markenschuhe, eine atmungsaktive Allwetterjacke im oberen Preissegment und ein preiswertes Taschenbuch eines bestimmten Autors.

> Werte sind die Wegweiser zur Kaufentscheidung für ein ganz bestimmtes Produkt.

Auch Ihre Kunden haben neben Bedürfnissen – den Kaufgründen – auch Anforderungen bzw. Werte bezüglich des Produktes, das sie kaufen möchten. Ein Kunde wird sich nur dann für Ihr Produkt entscheiden, wenn er das Gefühl hat, es genügt seinen Anforderungen und Wertvorstellungen.
Sie brauchen also dringend Informationen darüber, welche Anforderungen und Werte Ihr Kunde bezüglich des Produktes hat, das er kaufen möchte. In jedem Verkaufsgespräch sollte es also eine Phase geben, in der Sie die Anforderungen und Werte des Kunden bezüglich des Produktes erkunden. Fragen Sie Ihren Kunden im ersten Verkaufsgespräch daher immer nach seinen Anforderungen und Werten – natürlich erst dann, wenn Sie sicher sind, dass ein Bedürfnis und ein Kaufwunsch besteht.

Fragen, die die Werte und Anforderungen des Kunden aufdecken können sind:

- Worauf kommt es Ihnen bei diesem Produkt genau an?
- Was ist Ihnen wichtig?
- Worauf legen Sie besonderen Wert?

Zusätzlich könnten Sie es sich zur Aufgabe machen, Ihren Kunden dahingehend zu beraten, worauf er beim Kauf eines Produktes dieser Kategorie achten sollte. Sie geben ihm also Werte und Anforderungen vor, zwischen denen er wählen kann.
Gerade im Hinblick auf erklärungsbedürftige Produkte wissen viele Kunden oft nicht, was für sie sinnvoll ist und sind froh zu erfahren, nach welchen Gesichtspunkten eine gute Entscheidung getroffen werden kann. Ein Reiseveranstalter könnte ei-

nen Kunden so auf die Möglichkeit aufmerksam machen, eine Reiserücktrittsversicherung abzuschließen, um für den Fall, dass er kurzfrisitig absagen muss, Geld zu sparen. Der Kunde kennt dann diese zusätzliche Möglichkeit und kann auf dieser Basis eine bessere Entscheidung für sich treffen.
Ein verärgerter Kunde beschwert sich vielleicht über sein schnurloses Telefon, weil er damit nicht aus der Stadt anrufen kann. Hätte der Verkäufer ihn gefragt, was er damit machen möchte, dann hätte er ihm ein Funktelefon empfehlen müssen.

Ihre Kunden werden Ihnen dankbar sein, wenn Sie ihnen Produkte und Dienstleistungen verkaufen, die genau ihren Anforderungen und Werten entsprechen.

Kriterien ermitteln und ansprechen

Sie wissen jetzt von Ihrem Kunden, dass er einen Kaufwunsch hat, Sie wissen, welche Anforderungen er an dieses Produkt stellt und welche Werte er damit verbindet. Angenommen, Sie verkaufen eine Call-Center-Dienstleistung und Ihr Kunde sagt zu Ihnen *„Ich erwarte einen guten Service"*, dann wissen Sie jetzt zwar, welche Anforderung er stellt, aber Sie wissen noch nichts darüber, was genau er damit meint.

Es ist wichtig zu wissen, was genau Ihr Kunde unter der Formulierung versteht, mit der er seine Anforderung beschreibt.

Guter Service kann für den einen ein täglicher Bericht per E-Mail sein, für den Nächsten die ständige Erreichbarkeit eines Ansprechpartners und für den Dritten ein wöchentlicher persönlicher Besuch durch den Teamleiter.
Die konkreten Inhalte der Anforderungen und Werte sind Kriterien. Erst wenn Sie wissen, was die Kriterien eines Kunden bezüglich einer Anforderung sind, dann können Sie ihm das geben, was er haben möchte. Kriterien haben den Vorzug, dass sie überprüfbar sind.

Die folgenden Fragestrukturen können Sie nutzen, um die Kriterien Ihrer Gesprächspartner bezüglich ihrer Anforderungen und Werte zu erfahren:

- Was verstehen Sie unter gutem Service?
- Woran erkennen Sie guten Service?
- Wie genau sieht guter Service für Sie aus?

Je genauer Sie wissen, welche Kriterien für Ihren Kunden entscheidend sind, desto zielgerichteter können Sie seine Anforderungen erfüllen. Sie erleichtern durch Ihre Kriterienfragen Ihren Kunden die Konkretisierung Ihrer Wünsche und sorgen so schon zu Beginn eines Verkaufsprozesses für die Zufriedenheit Ihrer Kunden.

Weg-von-Motivation und Hin-zu-Motivation aktivieren

Jeder Kunde möchte eine Entscheidung treffen, bei der er starke positive Gefühle hat. Jeder Kauf ist eine Entscheidung für etwas. Viele Menschen sind es aber eher gewohnt, sich gegen etwas zu entscheiden. Die Evolution hat uns da ein grundlegendes Muster einprogrammiert: Schmerz und Gefahr vermeiden. Dieses Weg-von-Programm ist unser stärkstes Programm um uns in Bewegung zu setzen. Wenn wir unsere Hand zufällig auf eine heiße Herdplatte legen, dann überlegen wir nicht lange, welche Vorteile und Nachteile es hätte, die Hand wegzuziehen, sondern wir tun es automatisch. Schmerz vermeiden können wir alle gut.

Das entgegengesetzte Programm ist das Hin-zu-Programm. Das Weg-von-Programm ist gut zur Schmerzvermeidung – das Hin-zu-Programm dient dem Lustgewinn. In unserer Gesellschaft ist Lust immer noch ein Tabu und vielen fällt es leichter Nein zum Schmerz als Ja zur Lust zu sagen. Um jemanden zu einer Entscheidung zu bewegen, ist es deshalb sinnvoll, sowohl seine Weg-von-Motivation zu nutzen als auch seine Hin-zu-Motivation zu stärken.

Um das Weg-von-Programm des Kunden anzuprechen, können Sie ihm verdeutlichen, welche Nachteile er vermeidet, wenn er sich für den Kauf entscheidet. Satzstrukturen, die Ihren Gesprächspartner mit seinem gegenwärtigen, unerwünschten Zustand konfrontieren, wären:

- *„Stellen Sie sich einmal vor, Sie machen noch 5 Jahre so weiter. Und – wie fühlt sich das an?"*
- *„Womit sind Sie momentan nicht zufrieden?"*
- *„Wie werden Sie sich nächstes Jahr zu dieser Zeit fühlen, wenn alles beim Alten bleibt?"*

Um das Hin-zu-Programm Ihres Kunden anzusprechen lohnt es sich zu lernen, positive Emotionen zu übermitteln. Je geübter Sie darin sind, positive Emotionen bei Ihrem Gesprächspartner zu erzeugen, desto leichter wird es ihm fallen, sich für Sie und Ihr Angebot zu entscheiden.

Sie verfügen über 2 machtvolle Instrumente, die Sie am Telefon nutzen können, um bei Ihrem Gesprächspartner starke positive Emotionen zu erzeugen – Ihre Stimme und Ihre Sprache. Die Begeisterung in Ihrer Stimme wird Begeisterung bei Ihrem Gesprächspartner erzeugen. Die Freude in Ihrer Stimme bei der Beschreibung eines neuen Produktes wird Ihr Gesprächspartner spüren können und dadurch selbst erleben. Auch durch Ihre Sprache können Sie Emotionen aktivieren.

Vergleichen Sie einmal die Wirkung dieser beiden Sätze:

- *„Mein Urlaub war schön."*
- *„Diese thymianduftenden Spätsommernächte auf der Terrasse des alten Schlosses in der Provence waren wie ein einziger großer Rausch."*

Sie merken, je sinnlicher und detaillierter Sie formulieren, desto stärker ist die emotionale Wirkung. Entwickeln Sie das emotionale Farbspektrum Ihrer Stimme und erweitern Sie Ihren sinnlichen Wortschatz. Im Kapitel 1.4 finden Sie dafür geeignete Übungen.

Einwände und Vorwände erkennen und unterscheiden

Sie werden immer wieder von Ihren Kunden hören, was alles dagegen spricht, dieses oder jenes zu tun. Freuen Sie sich darüber! Sie erhalten wichtige Informationen, die Sie nutzen können. Alles, was Sie dafür brauchen, ist die Bewusstheit darüber, dass dieser Widerstand zwei verschiedene Gründe haben kann: Entweder der Kunde will einfach nicht und traut sich nicht, klar Nein zu sagen. Dann benutzt er einen Vorwand, um nicht kaufen zu müssen. Oder der Kunde will kaufen, möchte aber noch bestimmte Dinge sicherstellen. Dann benennt er die Dinge, die ihm noch nicht passen.

> Einwände sind Ich-will-Signale und Vorwände sind Ich-will-nicht-Signale.

Es ist in beiden Fällen ein großer Vorteil für Sie, diese Information zu bekommen. Wenn ein Kunde signalisiert, dass er nicht kaufen will, dann können Sie Energie sparen und Ihre Anstrengungen für ihn beenden. Wenn er signalisiert, ich will – aber nicht so, dann können Sie auf eine Lösung hinarbeiten, die er annehmen wird. Widerspruch ist willkommen. Die Kunst besteht darin, zu erkennen, ob es sich bei dem Widerspruch des Gesprächspartners um einen Einwand oder einen Vorwand handelt.

So unterscheiden Sie Einwände und Vorwände:

Stellen Sie eine Als-ob-Frage. Führen Sie Ihren Gesprächspartner in die Vorstellung, der ihn störende Punkt wäre ausgeräumt und fragen Sie ihn, wie er dann entscheiden würde. Wenn er Zustimmung signalisiert, dann ist das ein Zeichen, dass er kaufbereit ist und dass der genannte Grund ihn noch davon abhält. Es ist ein Einwand. Wenn er stattdessen spürbar in Verlegenheit gerät und einen neuen Grund präsentiert nicht zu kaufen, dann handelt es sich um einen Vorwand.

Beispiel 1:

Kunde: *„Das Produkt ist mir zu teuer.“*
Verkäufer: *„Mal angenommen, wir hätten uns auf einen guten Preis geeinigt, würden Sie dann kaufen?“*
Kunde: *„Sofort.“*

In diesem Fall war der Widerspruch ein für den Kunden wichtiger Einwand. Jetzt wissen Sie, er ist kaufbereit und können entscheiden, ob und wie weit Sie ihm mit dem Preis entgegenkommen wollen.

Beispiel 2:

Kunde: *„Das Produkt ist mir zu teuer."*
Verkäufer: *„Mal angenommen, wir hätten uns auf einen Preis geeinigt, der für uns beide passt, würden Sie dann kaufen?"*
Kunde: *„Da fällt mir ein, wir haben im Moment keine Zeit, dieses Projekt abzuwickeln. Ich melde mich später wieder bei Ihnen."*

In diesem Fall hatte der Kunde kein echtes Kaufinteresse und benutzte einen Vorwand, um nicht klar kommunizieren zu müssen, dass er eigentlich nicht kaufen will. Sie können jetzt Ihre Verkaufsabsicht loslassen und zum Beispiel nachfragen, wann Ihr Kunde wieder über die aktuellen Angebote informiert werden möchte.

Umgang mit Einwänden

Nachdem Sie wissen, dass der Widerspruch des Kunden ein Einwand war, können Sie beginnen, diesen Einwand zu verhandeln. Nehmen Sie Ihren Kunden ernst, indem Sie auf echte Einwände eingehen.
Mit jedem Einwand wird implizit ein Bedürfnis formuliert. Zeigen Sie Ihrem Kunden, dass Ihnen seine Bedürfnisse wichtig sind. Aus dem Einwand *„Das ist mir zu teuer"* können Sie das Bedürfnis nach einem guten Preis heraushören, dem Einwand *„Das ist mir zu kompliziert"* entnehmen Sie das Bedürfnis nach Einfachheit, Beratung und Service.

> Einwände behandeln Sie am besten, indem Sie dem Kunden zeigen, wie Sie seine implizit formulierten Bedürfnisse befriedigen werden.

Fall 1

Einwand: *„Zu teuer."*

Stragegie 1

Verkäufer: *„Was möchten Sie denn zahlen?"*
Der Kunde wird aufgefordert, seinerseits eine Zahl zu nennen. Nun können Sie entscheiden, ob Sie bereit sind, zu diesem Preis zu verkaufen, einen eigenen neuen Preis vorzuschlagen oder die Verhandlung abzubrechen.

Stragegie 2

Verkäufer: *„Auf welche Leistungen könnten Sie verzichten?"*
Sie stehen zu Ihrem Preis und bieten die Möglichkeit an, den Preis zu reduzieren, indem Sie nur Teile Ihrer Leistung liefern.

Fall 2:

Einwand: *„Wir haben ein günstigeres Angebot."*
Verkäufer: *„Mal angenommen, wir würden Ihnen den gleichen Preis wie der Wettbewerber anbieten, würden Sie sich dann für uns entscheiden."*
Kunde: *„Ja."*
Verkäufer: *„Und warum würden Sie sich beim gleichen Preis für uns entscheiden?"*
Kunde: *„Weil Sie ein sehr gutes Konzept und ausgezeichnete Referenzen haben."*
Verkäufer: *„Und wie viel ist Ihnen dieses Mehr wert?"*
Hier beginnt Verhandlungskunst. Sie stellen Ihrem Verhandlungspartner eine kleine Falle, die aber nur funktioniert, wenn Sie wirklich ein ausgezeichnetes Angebot haben. Je bewusster Sie sich über den Wert Ihrer Leistung sind, desto mehr Verhandlungsspielraum haben Sie.

Der Verkaufsabschluss am Telefon

Ziel eines erfolgreichen Verkaufsgespräches ist ein gelungener Abschluss. Es gibt Produkte und Dienstleistungen, die können

am Telefon verkauft werden – andere nicht. Hochwertige und erklärungsbedürftige Produkte und Dienstleistungen werden Sie nicht durch ein einziges Telefonat verkaufen.
Grundsätzlich ist die Frage, ob für Ihr Unternehmen Telefonverkauf infrage kommt, aber weniger vom Produkt als von der individuellen Situation abhängig.

Klären Sie dazu diese Punkte:

- Handelt es sich um einen Erstauftrag bei einem Neukunden?
- Geht es um ein neues Produkt bei Stammkunden?
- Ist das Produkt erklärungsbedürftig?
- Stellt das Produkt eine hohe Investition dar?
- Geht es um eine Nachbestellung?
- Folgt dieser Anruf einem schriftlichen Angebot?
- Ist dies ein Anruf nach einem Messebesuch?
- Kennt mich der Kunde persönlich?
- Gab es eine intensive Vorarbeit durch den Außendienst?
- Besteht dringender Bedarf beim Kunden?

Anhand dieser Informationen können Sie eine Einschätzung vornehmen, wie wahrscheinlich ein Abschluss am Telefon ist. Visieren Sie einen Abschluss nur dann an, wenn die Wahrscheinlichkeit dafür hoch ist. Erst wenn Sie eine gute Chance für einen Abschluss sehen, lohnt es sich für Sie, schon am Telefon einen Abschluss anzustreben.

Abschlusstechniken

Um einen Verkaufsabschluss aktiv herbeizuführen, können Sie die wichtigsten Abschlusstechniken für Ihre Kunden einsetzen.

Alternativtechnik

Sie unterbreiten dem Kunden zwei verschiedene Vorschläge, sodass er nur zwischen beiden Möglichkeiten wählt. Die dritte Alternative – nicht zu kaufen – wird einfach ausgeschlossen.

Statt zu fragen: *„Sollen wir fünfzig Kisten schicken?"* fragen Sie: *„Sollen wir fünfzig oder hundert Kisten schicken?"* Kunden entscheiden sich dann häufig für eine der angebotenen Alternativen.

Ja-Rhythmus

Aktivieren Sie beim Kunden einen Ja-Rhyhtmus. Stellen Sie einige Fragen, die er sehr wahrscheinlich mit Ja beantworten wird. Zuletzt stellen Sie eine Abschlussfrage, deren erwünschte Antwort ein Ja ist.

Beispiel:

- *„Wollen Sie gute Qualität?"*
- *„Wollen Sie einen guten Preis?"*
- *„Wollen Sie einen kompetenten Partner?"*
- *„Kommen wir ins Geschäft, wenn wir Ihnen das alles bieten?"*

Kundenfragen umwandeln

Aus den Fragen der Kunden können häufig ihre Bedürfnisse abgelesen werden. Verpacken Sie diese kommunizierten Bedürfnisse in Ihren Fragen nach dem Auftrag.

- *„Liefern Sie auch am Wochenende?"*
- *„Kann ich das in Rot bekommen?"*
- *„Haben Sie es auch größer?"*
- *„Könnten Sie bis Ende dieser Woche liefern?"*
- *„Gewähren Sie Skonto bei Barzahlung?"*

Diese Fragen können Sie abschlussreif umwandeln.

Beispiel:

Kunde: *„Und was ist, wenn am Tag unserer Schulung Ihr Trainer krank wird?"*

Verkäufer: *„Mal angenommen, wir garantieren Ihnen, dass die Veranstaltung stattfindet, indem wir 3 Trainer zur Reserve bereitstellen, kommen wir dann ins Geschäft?"*

Wahrnehmungsfilter erkennen und nutzen

Ein wichtiger Bestandteil einer erfolgreichen Verkaufsstrategie ist die Kenntnis der Art und Weise, wie Ihre Kunden Informationen verarbeiten. Vergleichen Sie doch für einige Momente die Buchstaben E und F und nehmen Sie wahr, was Ihnen auffällt.
Haben Sie jetzt auf Gemeinsamkeiten oder auf Unterschiede geachtet? Sie können nicht beides gleichzeitig tun. Bevor Sie die eigentliche Aufgabe erfüllt haben, entschieden Sie sich unbewusst, entweder auf Gemeinsamkeiten oder auf Unterschiede zu achten und alles was Sie dann wahrgenommen haben, war das Ergebnis des eingeschalteten Filters „Was ist gleich?" oder des Filters „Was ist anders?". Wir alle haben ständig verschiedene Filter eingeschaltet, durch die wir die Informationen, die auf uns einprasseln, wahrnehmen.

Folgende Wahrnehmungsfilter lassen wir ständig, meist unbewusst, ablaufen:

- Der Richtungs-Filter (Weg von / Hin zu)
- Der Ausschnitts-Filter (Überblick / Detail)
- Der Zeit-Filter (Vergangenheit / Gegenwart / Zukunft)

> Die Bewusstheit darüber, welche Wahrnehmungsfilter Ihr Gegenüber verwendet, hilft Ihnen, ihn so anzusprechen, dass er Sie schnell und gut versteht.

Sie sortieren Ihre Information entsprechend den Neigungen einer bestimmten Person vor und erleichtern ihr dadurch eine besonders schnelle Verarbeitung. Auf diese Weise können Sie sehr schnell einen guten Kontakt zu Ihrem Gesprächspartner aufbauen. Achten Sie in Zukunft doch einmal für eine Weile nur auf die Wahrnehmungsfilter, die Ihre Gesprächspartner eingeschaltet haben und nicht so sehr auf den Inhalt dessen, was sie sagen. Sie werden feststellen, das Ihnen die im Folgenden beschriebenen Filter immer wieder begegnen werden und dass jeder Mensch seine Lieblingsfilter hat. Sie entwickeln dadurch sehr schnell die wichtige Fähigkeit, die Wahrnehmungsfilter Ihrer Mitmenschen zu erkennen. Beginnen Sie dann, jedem Menschen Ihre Gesprächsinhalte in seinem Wahrnehmungsfilter zu präsentieren.

Beispiel:

Sie wollen sagen: *„Es wird Frühling."*

- Für den Weg-von-Orientierten sagen Sie:
  „Der Winter geht vorbei."
- Für den Hin-zu-Orientierten sagen Sie:
  „Der Frühling kommt."
- Für den Überblicks-Orientierten sagen Sie:
  „Überall wird es Frühling."
- Für den Detail-Orientierten sagen Sie:
  „Der Kirschbaum hinter meinem Haus begrüßt den Frühling mit einer weißen Blütenpracht."
- Für den Vergangenheits-Orientierten sagen Sie:
  „Dieser Frühling wird noch schöner als der letzte."
- Für den Gegenwarts-Orientierten sagen Sie:
  „Jetzt wird es Frühling."
- Für den Zukunfts-Orientierten sagen Sie:
  „Bald ist der Frühling da."

Verkaufsexperten passen ihre Sendeinhalte den Empfangsgewohnheiten jedes einzelnen Kunden individuell an und stellen dadurch eine dauerhaft gute Verbindung her.

Der Richtungs-Filter

Manche Menschen erzählen ständig von Vorstellungen und Zielen, die sie erreichen wollen und andere beschreiben immer wieder, was sie alles nicht haben möchten. Die einen sind hin-zu-orientiert und die anderen sind weg-von-orientiert. Die hin-zu-orientierten Menschen programmieren sich automatisch auf das, was sie wollen. Die Weg-von-Orientierten haben es schwerer, zu bekommen was sie wollen, weil Sie sich ständig darauf programmieren, sich in die Richtung zu bewegen, die sie nicht wollen. Wie das funktioniert können Sie leicht erkennen, wenn Ihnen jemand sagt: *„Denken Sie mal nicht an ein blaues Kamel."* Und? Denken Sie gerade nicht an ein blaues Kamel? Sie sehen, das funktionert nicht, denn unsere rechte, bildverarbeitende Gehirnhälfte kann keine Negationen darstellen. Also machen sich weg-von-orientierte Menschen ständig innere Vorstellungen von Dingen, die sie nicht haben wollen und wundern sich dann, wenn sie etwas bekommen, was sie eigentlich nicht möchten.

Die folgenden Formulierungen zeigen Ihnen, wie einfach Sie Hin-zu-Orientierung und Weg-von-Orientierung unterscheiden können:

- *„Ich will keine Verspätungen mehr."* (weg-von)
- *„Das Projekt soll im Mai fertig sein."* (hin-zu)
- *„Wir möchten weniger Kündigungen."* (weg-von)
- *„Wir wollen mehr Neukunden gewinnen."* (hin-zu)

Es wird Ihnen leicht fallen, zu bemerken, welche Orientierung Ihr Gesprächspartner bevorzugt und darauf einzugehen, wenn Sie einmal einen ganzen Tag Ihr besonderes Augenmerk darauf richten. Nachdem Sie erkannt haben, wie Ihr Gesprächspartner filtert, können Sie Ihre Informationen in seine Weltsicht übersetzen.

Der Ausschnitts-Filter

Ein Western beginnt oft mit einer Totale: Weite Landschaft und ein endloser Himmel. Dieser Überblick ist ein guter Einstieg ins Geschehen und orientiert den Zuschauer auf den Gesamtzusammenhang. In einem Liebesfilm steigert sich die Stimmung und Aufmerksamkeit, wenn ein schmollender Mund oder ein funkelndes Augenpaar in Großaufnahme gezeigt wird. Details sprechen die Sinne an und lassen eine Geschichte lebendig werden. Wie im Film fokussieren auch Menschen im Alltag auf unterschiedlich große Wirklichkeitsausschnitte. Manche von ihnen behalten immer den Überblick und andere

wiederum konzentrieren sich auf die Details. Beide Filter haben ihre Vorteile und ihre Nachteile.
Für einen Verkäufer ist es wichtig zu bemerken, welche Art Ausschnitts-Filter der Gesprächspartner ablaufen lässt, um seine Informationen in der angemessenen Größe zu präsentieren.

Folgende Formulierungen deuten auf einen eingeschalteten Überblicks-Filter hin:

- *„Das Projekt muss in einem Zeitraum von 4 Monaten abgeschlossen sein."*
- *„Wir haben für dieses Jahr umfangreiche Investitionen geplant."*
- *„Wir wollen Marktführer in Deutschland werden."*

Diese Formulierungen deuten auf einen eingeschalteten Detail-Filter hin:

- *„Das Projekt startet am nächsten Montag um 10 Uhr."*
- *„Wir haben für dieses Jahr die Anschaffung eines Farblaserdruckers geplant."*
- *„Wir wollen unseren Marktanteil im Bereich Telefontraining in Deutschland um 20 Prozent steigern."*

Es lohnt sich, Ihre Kurzpräsentationen am Telefon auf der bevorzugten Abstraktionsebene Ihres Gesprächspartners anzubieten.
Dabei hängt die angemessene Ebene nicht nur von der Persönlichkeit eines Menschen, sondern auch von seiner Rolle in einem Unternehmen ab. Ein Geschäftsführer interessiert sich weniger für die Details Ihres Angebotes als für dessen Nutzen im unternehmerischen Gesamtzusammenhang. Der Einkaufsleiter des gleichen Unternehmens interessiert sich jedoch sehr wohl für die Details Ihres Angebotes und weniger für den unternehmerischen Gesamtzusammenhang. Machen Sie sich bewusst, wieviel Überblick oder Detail gerade angemessen ist und stellen Sie sich in Ihrer Wortwahl darauf ein.

Der Zeitfilter

„Früher war alles besser." „Morgen ist auch noch ein Tag." „Jetzt oder nie!" Diese Formulierungen deuten auf den Zeitfokus des Sprechers hin – Vergangenheit, Zukunft oder Gegenwart. Je nachdem, wo wir uns mit unserer Aufmerksamkeit befinden, werden wir unterschiedliche Erfahrungen machen und Kräfte zur Verfügung haben.

Es ist motivierend, sich an einen Erfolg zu erinnern. Die wichtigsten Momente dieser Erfahrung können noch einmal durch unser Bewusstsein ziehen und wir verstehen, was alles dazugehört und können jetzt dieses Wissen immer wieder anwenden. Der Fokus auf die Vergangenheit verbindet uns mit den Fähigkeiten in uns, die wir bereits wirksam eingesetzt haben und die wir jederzeit nutzen können.

Mit der Aufmerksamkeit in der Zukunft zu sein ermöglicht uns zu planen. Wir entwickeln lebhafte Vorstellungen davon, wie es sein kann, sein soll und sein wird. Der Fokus auf die Zukunft verbindet uns mit den kreativen Kräften in uns und wir können dadurch tatsächlich unsere erwünschte Zukunft erschaffen.

Mit unserer Aufmerksamkeit in der Gegenwart zu sein, bringt uns in Kontakt mit der Realität. Nur wenn wir wahrnehmen können, wie es gerade ist und wo wir gerade sind, können wir eine Strategie entwickeln, wie wir unsere Pläne für die Zukunft verwirklichen. Der Fokus auf die Gegenwart verbindet uns mit den realisierenden Kräften in uns.

Jede Entscheidungsstrategie enthält Elemente der Fokussierung auf Vergangenheit, Gegenwart und Zukunft und es ist nützlich zu wissen, in welcher Reihenfolge und Intensität eine Person mit ihrer Aufmerksamkeit durch die Zeitbereiche geht.

Unser Gesprächspartner könnte sich zunächst daran erinnern, wie er das letzte Mal eine bestimmte Dienstleistung ausgewählt und eingekauft hat. Dann würde er vielleicht in die Gegenwart wechseln und den aktuellen Bedarf ermitteln. Danach stellt er sich eine zukünftige Situation vor, in der Ihre Dienstleistung die gewünschte Wirkung zeigt und entscheidet sich für Sie.

Nicht jeder Ihrer Gesprächspartner wird genau dann, wenn es gut für Sie wäre, eine Entscheidungsstrategie ablaufen lassen. Wie wäre es, wenn Sie ihn darin unterstützen? Fragen Sie ihn *„Wie sind Sie das letze Mal in einer ähnlichen Situation zu einer Entscheidung gekommen?“* und lenken Sie damit seinen Fokus auf die Vergangenheit. Fragen Sie weiter *„Wie sieht denn Ihr Bedarf im Moment aus?“* und fokussieren Sie damit seine Aufmerksamkeit auf die Gegenwart. Und dann fragen Sie *„Wie wäre das, wenn wir Sie mit unserer Dienstleistung vollkommen zufrieden stellen würden?“* und leiten ihn dadurch an, sich eine positive Vorstellung über die Zukunft zu machen.
Sie sehen, Sie haben sehr viel Einfluss auf die Richtung der Gedanken Ihres Gesprächspartners. Nutzen Sie diese Möglichkeiten für sich und lassen Sie so Ihre Gespräche zu einem geplanten Erfolg werden.

2.4 Kaltakquise-Strategien

Möchten Sie neue Kunden gewinnen und dauerhafte Gewinn bringende Geschäftsbeziehungen aufbauen? Das Telefon ist ein hervorragendes Instrument, um Ihre Verkaufserfolge professionell, kosten- und zeitsparend vorzubereiten. Ein gutes Gespräch am Telefon ist oft der Beginn einer langfristigen Zusammenarbeit, denn der persönliche Kontakt entscheidet in den meisten Fällen über den Erfolg einer Partnerschaft.
Der Gedanke an einen telefonischen Erstkontakt mit einem potenziellen Kunden, also Kaltakquise, erzeugt bei vielen ein Schaudern, denn sie verknüpfen damit Klinken putzen, dienern und Ablehnung.
Dabei ist Kaltakquise so einfach und kann richtig Spaß machen. Ihre Einstellung gegenüber der Kaltakquise wird sich sofort verändern, wenn Sie sich bewusst machen, worum es dabei tatsächlich geht. Akquisition bedeutet Kundengewinnung und beinhaltet den gesamten Prozess vom ersten Gespräch bis hin zum ersten Abschluss. Dazwischen liegen Gepräche, Präsentationen und Verhandlungen.

Verabschieden Sie sich jetzt von der Vorstellung, Sie müssten durch ein Erstgespräch sofort neue Kunden gewinnen.

Es ist sehr entspannend, sich bewusst zu machen, was die eigentlichen Ziele eines telefonischen Erstkontakts sind. Das Hauptziel eines telefonischen Erstkontakts ist es herauszufinden, welche Ansprechpartner oder Unternehmen Interessenten sind und welche nicht.
Es ist an dieser Stelle nicht Ihre Aufgabe, Ihr Produkt zu verkaufen, sondern es ist an dieser Stelle Ihre Aufgabe herauszufinden, wer Interesse an Ihrem Produkt hat und wer nicht. Diese Aufgabe erfordert immer noch sehr viel Fingerspitzengefühl, Gesprächskompetenz und Kontaktfähigkeit, ist aber mit dem richtigen Know-how leicht zu erreichen.

Vorbereitung

Bevor Sie zum Hörer greifen, ist eine gute Vorbereitung der beste Garant für ein fruchtbares Gespräch. Je klarer Sie wissen, wer Sie sind, was Sie zu bieten haben, was Ihr Gesprächspartner davon hat und was Sie wollen, desto sicherer und souveräner werden Sie durch das Gespräch führen.
Die wichtigste Frage ist immer, *„Welchen Nutzen biete ich meinem Gesprächspartner?“* Stellen Sie Ihre Unternehmensdaten zusammen: genaue Firmenbezeichnung, wann gegründet, wie viele Mitarbeiter, weitere Niederlassungen und Ihre Referenzen. Sammeln Sie konkrete Informationen zu dem Produkt oder der Dienstleistung, die Sie vorstellen möchten: Produktbeschreibungen, Serviceleistungen, Schulungsangebote und anderes und markieren Sie sich die Highlights. Fassen Sie die Daten in einer sinnvollen Reihenfolge zusammen und bauen Sie Interessewecker für Ihre Ansprechpartner ein.

Beantworten Sie die folgenden Fragen schriftlich:

- Wie stelle ich mich vor?
- Wie will ich das Unternehmen präsentieren?

- Welches Produkt oder welche Dienstleistung will ich vorstellen?
- Was will ich durch mein Gespräch erreichen?
- Welchen ganz konkreten Nutzen biete ich meinem Gesprächspartner?
- Was sind in meinem Angebot die Highlights oder Aufmerksamkeitserreger?
- Welche Stärken habe ich gegenüber meinen Mitbewerbern?
- Welche Informationen will ich über meinen Ansprechpartner und sein Unternehmen haben?

Lassen Sie sich genügend Zeit zur Beantwortung der Fragen. Es lohnt sich, alle Fragen ausführlich zu beantworten. Aus den so gewonnenen Erkenntnissen können Sie einen Gesprächsleitfaden entwickeln, der Sie durch die wichtigsten Phasen des Gesprächs führt.

Die Gesprächsziele im Erstkontakt sind unter anderem:

- Erfahren: Namen, Telefonnummer und Position des Verantwortlichen.
- Sich selbst, das Unternehmen und das Produkt vorstellen.
- Für das Produkt Interesse wecken (Nutzen, Mehrwert, Besonderheiten, Highlights).
- Erfahren: Wie ist der konkrete Bedarf für Ihr Produkt?
- Erfahren: Wie stellt sich die IST-Situation des Unternehmens dar?
- Erfahren: Plant der potenzielle Kunde Investionen für dieses Produkt und wenn ja, wann und in welchem Umfang?
- Ein persönliches Gespräch vereinbaren.

Erstellen Sie sich einen Kontaktberichtbogen, auf dem Sie alle gewonnenen Informationen notieren können oder erweitern Sie Ihre Kontaktdatenbank, indem Sie zusätzliche Felder für die benötigten Informationen definieren und in einer Formularansicht übersichtlich zusammenfassen.

Den richtigen Ansprechpartner finden

Das Erste, was Sie für einen Erstkontakt brauchen, ist der Name Ihres Ansprechpartners. Fokussieren Sie sich darauf, diese Information herauszufinden.
Im folgenden Beispiel erhalten Sie Anregungen, wie Sie dabei vorgehen können.

Anrufer: ruft den ersten Kontakt an
Vermittlung: *„Petra Schöne, Firma Wassermann, was kann ich für Sie tun?"*
Machen Sie sich bewusst, dass diese erste Person vor allem deshalb den Hörer abnimmt, weil sie die Aufgabe hat, den Anrufer mit der richtigen Person zu verbinden und erste Informationen über das Unternehmen zu geben. Nutzen Sie diese Ressource!

Anrufer: freundlich, gut gelaunt – *„Hallo, mein Name ist Frank Fröhlich von der Firma Artus. Guten Tag, Frau Schönemann."* – Pause
Warten Sie einige Momente, um dem Gesprächspartner die Gelegenheit zu geben, den Gruß zu erwidern. Lassen Sie sich und Ihrem Partner Zeit, miteinander in einen kurzen Kontakt einzutreten. Es ist besser, einen Moment auf ein *„Guten Tag"* zu warten, als gleich nach der Begrüßung mit dem eigenen Anliegen fortzufahren. Erst wenn Sie merken, der Andere antwortet nicht, sondern wartet auf Ihren Text, beginnen Sie jetzt nach der kurzen Pause, Ihr Anliegen vorzutragen. Das geschieht manchmal und Sie sind dann darauf vorbereitet.

Vermittlung: freundlich *„Guten Tag."*

Strategie 1:

Fragen Sie gleich nach einer bestimmten Position, ohne es weiter zu erklären. In den meisten Fällen bekommen Sie die Informationen, die Sie möchten.
Anrufer: *„Wie heißt denn Ihr Personalleiter?"*

Vermittlung: *„Das ist der Herr Gärtner."*
Anrufer: *„Verbinden Sie mich doch bitte mit ihm und geben Sie mir vorher noch seine Durchwahl."*
Vermittlung: *„Das ist die 555. Ich verbinde."*
Anrufer: *„Danke."*

Es ist erstaunlich, wie oft direkte Fragen direkt beantwortet werden. Sagen Sie Ihrem Gesprächspartner einfach, was Sie von ihm wollen und Sie werden die Erfahrung machen, die meisten Menschen sind freundlich.

Strategie 2:

Lassen Sie sich von der Vermittlungsperson beraten. Behandeln Sie sie wie einen Verbündeten, der Ihnen helfen wird, so gut er kann. Decken Sie dazu den Grund Ihres Anrufes auf und erfragen Sie den für diese Angelegenheit richtigen Gesprächspartner.

Anrufer: *„Wir sind ein Bildungsveranstalter und ich rufe an, um herauszufinden, welchen Schulungsbedarf Sie haben. Wer ist denn dafür der kompetente Ansprechpartner?"*
Vermittlung: *„Das macht der Herr Gärtner."*
Anrufer: *„In welcher Position arbeitet Herr Gärtner?"*
Vermittlung: *„Er ist unser Personalleiter."*
Anrufer: *„Verbinden Sie mich doch bitte mit ihm und geben Sie mir vorher noch seine Durchwahl."*
Vermittlung: *„Das ist die 555. Ich verbinde."*
Anrufer: *„Danke."*

Menschen lieben es, jemandem helfen zu können und wenn es ihnen möglich ist, tun sie es. Sie brauchen niemanden auszutricksen oder zu überrumpeln – lassen Sie sich dabei helfen, den richtigen Ansprechpartner zu finden.

Das Kaltakquise-Gespräch führen

Es ist eine gute Idee, seinem Gesprächspartner schon zu Beginn Respekt zu zeigen. Respekt bedeutet nicht Unterwerfung. Respekt zeigen bedeutet, dem Anderen auf Augenhöhe zu begegnen, im Bewusstsein der eigenen Größe und mit der Würdigung der Größe des Anderen. Eine wirkungsvolle Geste, um Respekt zu zeigen ist die Nachfrage, ob der Gesprächspartner jetzt Zeit hat für ein Gespräch. Auf diese Weise stellen Sie sicher, das er das Gefühl bekommt, wichtig genommen zu werden.

Herr Gärtner: *„Gärtner. Guten Tag."*
Anrufer: *„Frank Fröhlich, Firma Artus. Guten Tag, Herr Gärtner. Störe ich?"* – Pause

Sie können jetzt mit 3 Antworten rechnen: *„Ja"*, *„Nein"* und *„Worum geht's denn?"*. Auf ein *„Ja"* (Sie stören) können Sie antworten: *„Wann stört's denn nicht?"* und sind im Gespräch für die Terminvereibarung eines Folgetelefonats. Auf die Antworten *„Nein"* und *„Worum geht's denn?"* können Sie beginnen, Ihr Anliegen vorzutragen.

Strategien für den Gesprächs-Einstieg

Ihren Gesprächspartner, der Sie zunächst nicht kennt, interessiert sich zuerst einmal für 3 Fragen:

- Wer ruft mich an?
  Die Person und das Unternehmen
- Worum geht es ?
  Das Thema
- Was habe ich davon?
  Der Nutzen

Die wichtigste Frage ist für ihn *„Was habe ich davon, mir das jetzt anzuhören?"*

> Sorgen Sie deshalb dafür, dass Ihr Gesprächspartner eine wirkungsvolle Beschreibung des Nutzens erhält.

Der Nutzen kann hin-zu-orientiert oder weg-von-orientiert formuliert werden. Hin-zu-Orientierung besteht bei dem Wunsch, ein Ziel zu erreichen, z. B. den Umsatz zu erhöhen. Weg-von-Orientierung besteht bei dem Wunsch, ein Problem zu lösen, z. B. die Verluste zu minimieren.

Hin-zu-Nutzen für den Kunden könnten sein:

Er wird durch Ihr Produkt oder Ihre Dienstleistung

- mehr Geld verdienen,
- mehr Geld sparen,
- mehr Kunden gewinnen,
- mehr Zeit für sich haben,
- mehr Sicherheit genießen können,
- mehr Bekanntheit erreichen,
- mehr Ansehen gewinnen,
- mehr Freiheit haben,
- mehr Kontrolle haben,
- mehr Einfluss haben,
- mehr Freude haben,
- mehr Wirkung erzielen,
- bessere Wirkung erzielen,
- leichter Wirkung erzielen.

Weg-von-Nutzen für den Kunden könnten sein:

Er wird durch Ihr Produkt oder Ihre Dienstleistung

- weniger Geld verlieren,
- weniger Reklamationen haben,
- weniger Kundenabwanderungen haben,
- weniger Ärger haben,
- weniger Stress haben,
- weniger Kündigungen haben,
- weniger Abhängigkeit haben,
- weniger Ausfälle haben,
- weniger Unfälle haben.

Erste Strategie:
Sie benennen den Hin-zu-Nutzen zuerst.

Anrufer: *„Haben Sie Interesse daran, neue Kunden zu gewinnen?“*

Ansprechpartner: *„Ja natürlich.“*

Anrufer: *„Wir sind eine erfolgreiche Telefonmarketing-Agentur und können für Sie eine zielgenaue und preiswerte Akquisekampagne planen und durchführen. Wie spannend ist das für Sie?“*

Ansprechpartner: *„Das hört sich interessant an.“*

Zweite Strategie: Sie benennen den Weg-von-Nutzen zuerst

Anrufer: *„Möchten Sie Ihre Kosten für die Neukundengewinnung senken?“*

Ansprechpartner: *„Ja, das wäre gut.“*

Anrufer: *„Wir sind eine preisbewusste und erfolgreiche Telefonmarketingagentur und können für Sie eine zielgenaue und kostengünstige Akquisekampagne planen und durchführen.“*

Ansprechpartner: *„Das klingt gut.“*

Dritte Strategie: Sie benennen den Nutzen zuletzt und stellen zuerst Ihr Unternehmen und sich selbst vor.

Anrufer: *„Wir sind eine erfolgreiche und preisbewusste Telefonmarketing-Agentur und können für Sie eine zielgenaue und kostengünstige Akquisekampagne planen und durchführen. Sie werden dadurch in kurzer Zeit mit einem festgelegten Budget Ihre Neukundengewinnung drastisch steigern.“*

Ansprechpartner: *„Sehr interessant.“*

Sie werden nach einigen gelungenen Experimenten mit diesen verschiedenen Strategien entdecken, welche davon besonders gut für Sie geeignet sind.

Interesse wecken – Bedarf checken

Ziel Ihres Anrufs ist es zu erfahren, ob das Unternehmen qualifiziert ist, mit Ihnen Geschäfte zu machen. Die erste Voraussetzung für eine zukünftige Geschäftsbeziehung mit Ihnen ist das Interesse des Ansprechpartners. Spüren Sie, dass Interesse vorhanden ist, dann fahren Sie fort im Gespräch. Spüren Sie jedoch, dass der Ansprechpartner kein Interesse hat, dann gibt es immer noch zwei Möglichkeiten. Entweder es besteht in diesem Unternehmen wirklich kein Bedarf für Ihr Produkt. Dann können Sie sich ganz entspannt bei Ihrem Geprächspartner bedanken und das Gespräch beenden.

Oder aber für Ihre Dienstleistung besteht Bedarf, der Gesprächspartner ist aber in diesem Moment noch nicht interessiert daran, seinen Bedarf durch Sie zu decken. Wenn jemand also signalisiert *„Ich habe kein Interesse"*, dann heißt das noch lange nicht *„Ich habe keinen Bedarf"* und es lohnt sich, zu erfahren, ob trotzdem ein Bedarf besteht.

Es wird häufig geschehen, dass Sie in einer Firma anrufen und Ihr Gesprächspartner hat Interesse an Ihrem Angebot. Dann können Sie ihn einfach durch das Gespräch führen und die Informationen geben und abfragen, die Sie beide brauchen, um ins Geschäft zu kommen.

Es wird aber genauso häufig geschehen, dass Sie in einer Firma anrufen und Ihr Gesprächspartner hat zwar Bedarf, aber gerade kein Interesse. In diesem Fall ist es nützlich für Sie, Dinge tun zu können, die Interesse wecken. Sie sind nicht darauf angewiesen, dass Ihr Gesprächspartner zufällig gerade Interesse hat. Stellen Sie sich vor, Sie würden jemanden anrufen mit dem einzigen Ziel, bei ihm das Gefühl „Interesse" auszulösen. Sie wollen erreichen, das er Ihnen 5 Minuten gebannt, gefesselt, gespannt und angeregt zuhört. Was könnten Sie tun, um Interesse zu wecken? Hier sind einige Anregungen.

So können Sie Interesse wecken:

- Kündigen Sie eine Neuheit an.
- Zitieren Sie einen Medienbericht

- Verwenden Sie emotionale Reizworte.
- Malen Sie sprachliche Bilder.
- Sprechen Sie mit aufgeregter, freudiger Stimme.

Sie können das ganze Spektrum Ihrer Sprache und Ihrer Stimme nutzen, um Interesse in Ihrem Gesprächspartner zu wecken. Probieren Sie sich in einigen Anrufen aus und kümmern Sie sich jetzt nur darum, auf alle möglichen Arten Interesse hervorzurufen und aufrechtzuerhalten. Es wird Ihnen nach einiger Zeit Spaß machen, immer wieder neue Wege zu finden, um das Gefühl „Interesse" in anderen zu aktivieren. Ihre wachsende Fähigkeit, Interesse zu wecken, wird Ihnen immer neue Türen öffnen und Sie werden überrascht sein, wie wirkungsvoll Ihre Gespräche sind.

Jetzt ist die Zeit gekommen, im Gespräch nach dem Bedarf zu fragen. Ihr Gesprächspartner weiß nun wer Sie sind, wie Ihr Unternehmen heißt, was Sie anbieten, was er davon hat und er ist interessiert. Jetzt benötigen Sie Informationen über den konkreten Bedarf des Unternehmens für Ihr Produkt oder Ihre Dienstleistung. Sie wollen einschätzen, in welchem Umfang Sie Geschäfte mit diesem Unternehmen machen können. Es ist für Ihre weitere Marketingstrategie wichtig zu wissen, ob Ihr potenzieller Kunde eine einmalige Investition in Höhe von 10.000 Euro plant oder in den nächsten 5 Jahren monatlich für 1.000 Euro Leistungen einkaufen will. Je genauer Sie wissen, welche Investitionen wann und in welchem Umfang geplant sind, desto genauer können Sie Ihr Angebot sowohl inhaltlich als auch preislich darauf abstimmen. Sie können einschätzen, ob dieses Unternehmen für Sie ein A-, B- oder C-Kunde werden kann und sind dadurch in der Lage, den Umfang Ihrer weiteren Marketing-Aktionen an den zu erwartenden Ertrag anzupassen.

Finden Sie heraus:

Besteht generell Bedarf an meinem Produkt?

- *„Setzen Sie X schon ein?"*
- *„Wie decken Sie denn zur Zeit Ihren Bedarf an X?"*

Wie stark ist das Interesse, das Produkt mit einer neuen Qualität von einem neuen oder zusätzlichen Partner zu erwerben?

- *„Haben Sie schon mal darüber nachgedacht, X in einer besseren Qualiät zu erwerben?“*
- *„Haben Sie schon mal überlegt, X zu einem günstigeren Preis zu erwerben?“*
- *„Welche zusätzlichen Eigenschaften von X würden Sie sich denn wünschen?“*

Welcher konkrete Bedarf besteht an meinem Produkt?

- *„Was genau wollen Sie denn machen?“*
- *„Was brauchen Sie jetzt?“*

Welche Investitionen sind wann und in welchem Umfang geplant?

- *„Welche Projekte sind denn für dieses Jahr schon geplant?“*
- *„Wann soll denn das Projekt starten?“*
- *„In welchem Umfang planen Sie diese Investitionen?“*

Wie groß ist das Interesse des Ansprechpartners für Ihr Angebot?

- *„Was halten Sie davon?“*
- *„Wie klingt das für Sie?“*
- *„Wie interessant ist das für Sie?“*

Notieren Sie alle diese wichtigen Informationen in Ihrem Kontaktbericht.

Terminvereinbarung

Viele Produkte und Dienstleistungen sind erklärungsbedürftig und lassen sich nicht in einem einzigen Telefongespräch verkaufen. Bevor der Kunde entscheiden kann, ein bestimmtes Produkt zu kaufen und zwar von Ihnen, braucht er einen persönlichen Kontakt und zwar einen guten. Nicht immer wird der Anrufer auch derjenige sein, der zu den Kunden fährt und den persönlichen Kontakt selbst herstellt. In großen Unternehmen sind diese Aufgaben oft auf verschiedene Mitarbeiter verteilt. Das interne Call-Center stellt vielleicht den ersten Telefonkontakt her und die Vertriebsmitarbeiter fahren anschließend zum Kunden. Egal ob Sie selbst Ihren Gesprächspartner besuchen oder ein anderer Mitarbeiter, seien Sie sich bewusst, dass Sie einen wichtigen Prozessschritt innerhalb des Verkaufsprozesses verantworten, wenn Sie am Telefon Gesprächstermine vereinbaren.

Für welche Fälle können Sie Termine vereinbaren:

- Ein Erstkontakt bei einem potenziellen Neukunden, um die Produktpalette des Unternehmens und das Unternehmen selbst vorzustellen.
- Ein Erstkontakt bei einem potenziellen Neukunden, um ein spezielles Produkt vorzustellen.
- Ein Aktivierungskontakt bei einem Bestandskunden, um die Möglichkeiten der Zusammenarbeit neu auszuloten.

Vorgehensweise bei der Terminvereinbarung:

Strategie 1: Der Vorschlag

Formulieren Sie Ihren Wunsch nach einem persönlichen Gespräch als Vorschlag und benennen Sie den Zweck des Treffens.

Sie: *„Ich schlage vor, wir treffen uns kurz und ich zeige Ihnen, wie unser Produkt Ihr Problem lösen kann."* – Pause

Warten Sie jetzt die Reaktion Ihres Gesprächspartners ab. Stimmt er zu, dann fragen Sie gleich nach einem passenden Termin.

Sie: *„Wann haben Sie Zeit?"*

Ihr Gesprächspartner wird einen oder zwei Termine vorschlagen und Sie können sich mit ihm auf eine Zeit einigen, die für beide passt. Diese Strategie sollten Sie erst dann anwenden, wenn Sie sicher sind, dass Ihr Gesprächspartner sich für Ihre Produkte oder Dienstleistungen interessiert.

Strategie 2: Der freundliche Überfall

Formulieren Sie Ihren Wunsch nach einem Treffen direkt und fragen Sie gleich nach einem Termin.

A: *„Hallo, Frau Müller. Hier spricht Anton Reich von der Firma Personaltraining Berlin. Wie geht es Ihnen?"*

B: *„Hallo, Herr Reich. Danke, mir geht es gut. Und wie geht es Ihnen?"*

A: *„Danke, mir geht es auch gut. Ich rufe Sie an, um Sie zu fragen, ob Sie nächste Woche Zeit für ein Mittagessen haben. Ich möchte gerne meine guten Kontakte pflegen. Wie sieht es in Ihrem Terminplan aus?"*

Die letzte Frage beinhaltet bereits die Vorannahme, dass die Gesprächspartnerin *„Ja"* sagen wird und es nur noch um den Termin geht. Gleichzeitig lässt sie immer noch genügend Raum für ein *„Nein"*. Verwenden Sie diese Form nur bei Gesprächspartnern, die Sie bereits kennen.
Terminvereinbarungen sind etwas Selbstverständliches im Geschäftsleben und Ihre Gesprächpartner sind es gewohnt, sich mit potenziellen und bestehenden Partnern zu treffen um neue Möglichkeiten der Zusammenarbeit zu ihrem eigenen Nutzen auszuloten. Machen Sie Ihre Vorschläge für ein gemeinsames Gespräch ebenso zu einer Selbstverständlichkeit.

2.5 Überzeugungsstrategien

Die cleverste Idee, das beste Produkt, die sinnvollste Dienstleistung nützt Ihnen nichts, wenn Sie es nicht schaffen, Ihren Gesprächspartner davon zu überzeugen, dass er einen Nutzen davon hat. Sie brauchen praktisches psychologisches Wissen und Können, um Menschen zu überzeugen.
Glauben Sie, dass die Erde eine Kugel ist? Warum? Haben Sie es jemals selbst überprüft? Nein. Sie haben von Ihrem Lehrer gehört: *„Die Erde ist eine Kugel"*, Sie haben Bilder gesehen, die Satellitenaufnahmen der Erde zeigen. Glauben Sie an Ufos? Wenn ja, warum? Wenn nein, warum? Weil Sie tief in Ih-

rem Inneren wissen, dass das so ist? Dann haben Sie eine innere Referenz – also einen inneren Bezug für Realität. Für Sie gilt: *„Wahr ist, was ich als wahr anerkenne.“* Oder sind Sie dieser Meinung, weil ein Experte, dem Sie vertrauen, es gesagt hat? Dann haben Sie eine äußere Referenz – also einen äußeren Bezug für Realität. Für Sie gilt: *„Wahr ist, was andere als wahr anerkennen“.*
Diese einfachen Beispiele zeigen Ihnen, dass jeder Mensch seine eigene Art hat, sich von etwas zu überzeugen oder überzeugen zu lassen. Der eine muss es sehen, um es glauben zu können, den Nächsten überzeugt die Meldung in der Zeitung und ein Dritter vertraut seinem Arzt. Wenn Sie also jemanden überzeugen wollen, dann müssen Sie sich zunächst einmal darüber bewusst werden, dass der Mensch, den Sie gerade überzeugen möchten, seine ganz persönliche Art hat, sich zu überzeugen oder überzeugen zu lassen.

Dieses Wissen eröffnet Ihnen zwei Wege, andere zu überzeugen:

- Sie finden heraus, auf welche Weise sich Ihr Gesprächspartner eine Überzeugung aufbaut und präsentieren ihm dann die notwendigen Informationen auf genau diese Art.
- Wenn Sie nicht herausfinden können, wie Ihr Gesprächspartner Überzeugung aufbaut, dann müssen Sie Ihre Informationen auf alle Arten präsentieren, sodass seine mit Sicherheit dabei ist.

Die Komponenten von Überzeugungsstrategien

Die Fähigkeit, die im Folgenden einzeln beschriebenen Überzeugungsstrategien von Menschen zu erkennen und bewusst einzusetzen, wird Ihnen eine ausgeprägte Überzeugungskraft verleihen. Arbeiten Sie deshalb die folgenden Informationen besonders sorgfältig durch, um zukünftig die persönlichen Entscheidungsstrategien jedes einzelnen Anrufers erkennen zu können.

Je sorgfältiger und konsequenter Sie diese Übung am Anfang machen, desto eher werden Ihnen die verschiednen Formen in Fleisch und Blut übergehen und Sie werden schon bald in Ihren Gesprächen, ganz nebenbei, diese wichtigen neuen Informationen wahrnehmen können.

Innere Referenz

Innere Referenz erkennen Sie an Sätzen wie:

- *„Ich bin überzeugt davon, dass xyz zutrifft."*
- *„Ich weiß, dass das so ist."*
- *„Meine Meinung ist ... "*

Menschen mit innerer Referenz überzeugen Sie mit Satzstrukturen wie:

- *„Sie können sich selbst davon überzeugen, welche erstaunliche Wirkung dieses Produkt hat."*
- *„Überprüfen Sie das genau und finden Sie selbst heraus, wie zuverlässig dieses Mittel wirkt."*
- *„Sie wissen am besten, was gut für Sie ist und deshalb sollten Sie einfach selbst überprüfen, ob diese Maschine wirklich hält, was versprochen wird.*

Äußere Referenz

Äußere Referenz erkennen Sie an Sätzen wie:

- *„Eine Umfrage hat ergeben, dass ... "*
- *„Mein Arzt hat mir empfohlen, ... "*
- *„In der Zeitung stand neulich, ... "*

Menschen mit äußerer Referenz überzeugen Sie mit Satzstrukturen wie:

- *„Im Spiegel stand neulich, dieser Film ist einfach eine Sensation."*
- *„Der berühmte Neuropsychologe Professor Dr. Dr. Zeisig hat herausgefunden, dass regelmäßger Sport die Lebenserwartung um 20 Prozent verlängern kann."*
- *„Ich sage Ihnen aus eigener Erfahrung, viel frisches Obst zu essen stärkt die Abwehrkräfte und verschafft Ihnen ein gutes Lebensgefühl."*

Visuelle Überzeugungsstrategie

Visuelle Überzeugungsstrategien erkennen Sie an Sätzen wie:

- *„Ich habe mit eigenen Augen gesehen, … “*
- *„Ich habe mir das erst mal angeschaut.“*
- *„Ich habe im Fernsehen gesehen, … “*

Menschen mit visuellen Überzeugungsstrategien überzeugen Sie mit Satzstrukturen wie:

- *„Haben Sie schon gesehen, wie zuverlässig dieses Produkt wirkt?“*
- *„Schauen Sie sich doch mal an, wie die Leute schwärmen, die das Produkt schon probiert haben!“*
- *„Stellen Sie sich doch mal vor, Sie probieren das Produkt einmal aus und es funktioniert wirklich so gut.“*

Auditive Überzeugungsstrategie

Auditive Überzeugungsstrategien erkennen Sie an Sätzen wie:

- *„Ich habe gehört, … “*
- *„Unser Berater hat gesagt, … “*
- *„Im Radio wurde berichtet, … “*

Menschen mit auditiven Überzeugungsstrategien gewinnen Sie mit Satzstrukturen wie:

- *„Ich habe gehört, dieses Produkt ist das beste auf dem Markt.“*
- *„Neulich sagte jemand zu mir: Ich habe dieses Produkt ausprobiert und es ist phänomenal“*.
- *„Im Radio haben Sie darüber berichtet, welche erstaunlichen Wirkungen dieses Produkt hat.“*

Kinästhetische Überzeugungsstrategie

Kinästhetische (kinästhetisch = fühlend) Überzeugungsstrategien erkennen Sie an Sätzen wie:

- *„Das fühlt sich für mich richtig an.“*
- *„Ich habe das Gefühl, so ist es.“*
- *„Ich fühle mich damit wohl.“*

Menschen mit kinästhetischen Überzeugungsstrategien gewinnen Sie mit Satzstrukturen wie:

- *„Das fühlt sich gut an."*
- *„Fühlen Sie doch mal diese Qualität."*
- *„Spüren Sie diese Qualität?"*

Beispiel für eine umfassende Überzeugungsstrategie

Wie könnte man beispielsweise einen potenziellen Käufer davon überzeugen, dass ein DVD-Player sehr gut und sein Geld wert ist und viel Freude machen wird. Zum Beispiel so:
Für die verschiedenen angesprochenen Strategien werden die folgenden Abkürzen verwendet:

Externe, äußere Referenz	ER
Intere Referenz	IR
Visuelle Strategie	V
Auditive Strategie	A
Kinästhetische, fühlende Strategie	K

„Ich habe selbst (ER) diesen DVD-Player einen Monat lang getestet und muss sagen (A), ich habe das gute Gefühl (ER / K), der ist sein Geld wert. Das müssen Sie einfach mal gehört haben (IR), welches außergewöhnliche Klangerlebnis (K) dieser DVD-Player bietet. Und wenn Sie erst (IR) die Schärfe und Präzision des Bildes (V) sehen, dann fragen Sie sich (IR) wahrscheinlich: Warum ist der bei dieser Qualität so preiswert? Ich sage Ihnen (ER), der wird Ihnen viel Freude machen. Schauen (V) Sie mal im Internet (IR) nach und versuchen Sie, so einen guten DVD-Player zu so einem günstigen Preis zu finden. Sie werden sehen (IR / V), dieser DVD-Player ist sein Geld wert. Ein Bekannter hat mir erzählt (ER / A), er hat sich diesen DVD-Player gekauft und genießt (K) mit wachsender Begeisterung die Vorzüge dieses Gerätes. Er hat das Gefühl (ER / K), der Kauf war eine gute Entscheidung und ich kann ihn gut verstehen (ER). Sie können sich gerne selbst davon überzeugen, welche erstaunlichen Eigenschaften dieses Produkt hat (IR). Am besten bekommen Sie ein Gefühl (IR / K) dafür, wenn Sie mit eigenen Augen sehen und mit eigenen Ohren hören, was dieser DVD-Player alles zu bieten hat. Ich bin mir sicher (ER), er wird Ihnen gefallen (IR)."

Auf den Punkt gebracht:

So werden Sie mit der richtigen Strategie zum Telefonprofi

Im Verkauf

- Kanalisieren und fokussieren Sie Ihr Verkaufsgespräch durch die richtige Fragetechnik.
- Beantworten Sie dem Kunden immer seine innere Frage: *„Was habe ich davon, jetzt zuzuhören?“*
- Zeigen Sie dem Kunden den Nutzen, den Mehrwert Ihres Angebotes für ihn.
- Nehmen Sie wahr, in welcher Kaufphase sich Ihr Kunde gerade befindet und geben Sie ihm das, was er in dieser Phase braucht.
- Finden Sie heraus, welche Bedürfnisse, Werte und Kriterieren Ihr Kunde hat und sprechen Sie diese direkt an.
- Erkennen Sie Vorwände und Einwände. Vorwände signalisieren: *„Ich will nicht“*. Einwände signalisieren: *„Ich will – aber nicht so.“* Einwände sind Kaufsignale.
- Sprechen Sie ihn auf seinem bevorzugten Wahrnehmungskanal an.
- Argumentieren Sie im Rahmen der Überzeugungsstrategie, die Ihr Kunde bevorzugt.

In der Neukundengewinnung

- Fragen Sie die Vermittlung direkt nach den Informationen, die Sie haben möchten.
- Demonstrieren Sie Ihrem Gesprächspartner gegenüber Respekt und Wertschätzung. Eröffnen Sie Ihr Gespräch mit der Frage: „Störe ich?“.
- Vermitteln Sie dem potenziellen Partner den Nutzen Ihres Angebotes „weg-von-orientiert“ und „hin-zu-orientiert“.
- Präsentieren Sie Ihrem Gesprächspartner mehrere Interessewecker.
- Verkaufen Sie Ihrem potenziellen Partner auf sanfte Art einen Gesprächstermin als Gelegenheit, einen interessanten Geschäftspartner kennen zu lernen.

3 Selbst-Management

Nur wer sich selbst positiv fühlt, kann positiv auf andere einwirken

Mit jedem Anruf, den Sie initiieren, beeinflussen Sie Menschen, ob Sie es wollen oder nicht. Ihr Anruf bewegt Ihr Gegenüber, den Hörer abzunehmen. Die emotionale Qualität Ihrer Stimme verändert die Emotionalität Ihres Gesprächspartners. Ihre Fragen lenken sein Denken in eine bestimmte Richtung. Ihre Beschreibungen bringen ihn dazu, sich bestimmte innere Bilder und Vorstellungen zu machen. Je bewusster Sie andere auf integere Art und Weise nach dem Win-Win-Prinzip beeinflussen, desto deutlicher wird Ihnen auch Ihre Fähigkeit und Macht, sich selbst positiv zu beeinflussen. Sie können sich selbst mit Ihren eigenen Quellen von Wohlbefinden, Freude und Kraft verbinden. Sie können entscheiden, wie Sie sich fühlen wollen und welche Ihrer vielen Qualitäten Sie für sich und andere einsetzen wollen. Selbst-Management bedeutet, Verantwortung zu übernehmen für des eigene Wohlbefinden.
Die folgenden Anregungen können Sie nutzen, um auf Ihre eigene Art Verantwortung zu übernehmen für Ihren guten Zustand – des Körpers und des Geistes.

3.1 Den eigenen Zustand wählen

Während Sie diese Zeilen lesen, sind Sie in einem ganz bestimmten inneren Zustand. Wie würden Sie den Zustand, in dem Sie jetzt sind, beschreiben? Müde oder wach, lethargisch oder dynamisch, defokussiert oder konzentriert, starr oder beweglich? Der Zustand, in dem Sie sich befinden, gehört Ihnen. Sie können damit machen, was Sie wollen. Sie können darin bleiben, Sie können ihn verstärken oder Sie können ihn beenden und in einen neuen Zustand eintreten. Sie können frei entscheiden, ob Sie in dem Zustand, in dem Sie sich gerade befin-

den, bleiben wollen, Sie sind frei, zu entscheiden, Ihren gegenwärtigen Zustand zu verlassen, wenn er Ihnen nicht gut tut und Sie sind frei darin, in jeden beliebigen Zustand, der Ihnen gefällt, einzutreten.
Oft reagieren Menschen zunächst einmal skeptisch, wenn sie hören, sie können Ihren inneren Zustand frei wählen. Lächeln Sie doch jetzt einmal – so als würden Sie nach innen lächeln, sich selbst zulächeln. Die Vorstellung *„Ich bin selbst voll verantwortlich für meinen Zustand“* ist anfangs für einige noch nicht ganz bequem, da es die gewohnten, praktischen Schuldzuweisungen an andere überflüssig macht. Atmen Sie jetzt doch einmal ganz langsam in Ihren entspannten Bauch – so lange, bis sich die Rippen weiten und der Brustkorb sich hebt.
„Der hat mich wütend gemacht“, „Du deprimierst mich“, „Montags bin ich nicht zu gebrauchen“ – all dies sind Gedanken, die eine Annahme beeinhalten, die einfach falsch ist. Die Annahme, andere oder irgend etwas in der Außenwelt verursacht unsere Gefühle. Dieser gedachte Ursache-Wirkungs-Zusammenhang ist ein weit verbreiteter Irrtum.
Eine Kundin mit einem finsteren Gesicht ist nicht die Ursache für den Ärger der Verkäuferin. Räkeln Sie sich doch jetzt einmal und machen Sie dabei genüssliche Geräusche. Die Ursache für den Ärger der Verkäuferin sind ihre Gedanken darüber, dass der Gesichtsausdruck der Kundin etwas mit ihrem eigenen Wert zu tun hat.
Immer wenn Sie in einen Zustand gegangen sind, den Sie als unangenehm erleben, nachdem im Außen etwas passierte, können Sie sich fragen: *„Wie habe ich das gemacht, mich in diesen Zustand zu bringen?“* Es ist Ihre Art, innere Programme zu starten und abzuspielen, durch die Sie sich in diesen Zustand gebracht haben. Sagen Sie doch jetzt einmal innerlich mit freundlicher Stimme zu sich selbst „Herzlich willkommen“.
Die Programme, die Sie innerlich ablaufen lassen, können Sie selbst bestimmen. Und schon in dem Moment, in dem Sie darüber nachdenken, welche Programme Sie innerlich ablaufen lassen, um sich schlecht zu fühlen, beginnen Sie, neue Pro-

gramme zu erfinden und ablaufen zu lassen, um sich großartig zu fühlen. Denn durch die Bewusstheit dieser Zusammenhänge übernehmen Sie die Kontrolle darüber, in welchem Zustand Sie sich befinden.

Durch visuelles Ankern eigene positive Zustände hervorrufen, speichern und aktivieren

Mit dem folgenden Experiment können Sie selbst erleben, wie einfach es ist, sich in einen positiven Zustand zu begeben. Wählen Sie einen beliebigen inneren Zustand, in den Sie sich gerne hineinbegeben möchten, wenn Sie ein Telefongespräch führen, z.B. gut gelaunt, rasend begeistert, hoch kreativ oder entsprechend Ihrer eigenen Beschreibung für einen guten Zustand.
Wenn Sie wissen, in welchen Zustand Sie sich begeben wollen, dann erinnern Sie sich jetzt an eine Situation in Ihrem Leben, in der Sie genau diesen Zustand schon einmal besonders stark gefühlt haben. Sie können auch eine Situation erfinden, in der Sie diesen Zustand erlebt hätten – und so tun, als würden Sie sich daran erinnern – die Wirkung ist dann genauso stark.
Gehen Sie in Ihrer Vorstellung voll und mitten in diese Situation und nehmen Sie wieder die Schwingung des Gefühls auf, das sie in Ihnen hervorgerufen hat. Nehmen Sie wieder die gleiche Körperhaltung wie in dieser Situation ein und fühlen Sie dieses Gefühl vollständig in Ihrem ganzen Körper und nehmen Sie gleichzeitig wahr, wo in Ihrem Körper das Gefühl am deutlichsten zu spüren ist und wie es sich ausbreitet. Nehmen Sie jetzt wahr, ob es in dieser Situation etwas zu sehen gibt, was mit zu diesem Gefühl gehört und es verstärkt. Und dann nehmen Sie jetzt wahr, ob es Geräusche in dieser Situation zu hören gibt, die dieses Gefühl weiter verstärken. Konzentrieren Sie sich jetzt voll und ganz auf das Gefühl, so lange, bis Sie es als Hülle um Ihren ganzen Körper spüren können – und dann stellen Sie sich vor, welche Farbe und welches Material zu diesem Gefühl passt, sodass in Ihrer Vorstellung um Sie herum ein Mantel aus diesem Material entsteht, der dieses Gefühl an Sie

Nicht jeder gute Zustand ist geeignet für professionelle Telefonate

abstrahlt. Genießen Sie für einige Momente diese Erfahrung und wenn Sie möchten, dann hängen Sie diesen Mantel in Ihren imaginären „Gefühls-Kleiderschrank“.
Dieser Mantel ist jetzt Ihr Anker für den erwünschten Zustand, den Sie zu Beginn gewählt haben. Vor dem nächsten Telefongespräch holen Sie ihren Mantel wieder aus dem imaginären Kleiderschrank und ziehen ihn an. Sie werden durch diesen Mantel in Sekundenbruchteilen wieder in den Zustand getragen, den Sie damit verknüpft haben. Führen Sie jetzt Ihr Telefongespräch und halten Sie dabei die Vorstellung des Mantels um sich herum aufrecht.
Sie können sich noch weitere Situationen nacheinander vorstellen und für jeden gewünschten Zustand einen eigenen Mantel kreieren, den Sie zu den anderen in Ihren imaginären Kleiderschrank hängen und bei Bedarf wieder herausholen werden. Später können Sie dann sogar mehrere Mäntel übereinander

tragen und dadurch in Zustände gehen, die Sie in dieser Kombination noch nie erlebt haben.
Mit Ihrem unsichtbaren Mantel können Sie nun experimentieren. Nicht nur in Verkaufssituationen, in allen Situationen, wo Sie diese Gefühle haben wollen genügt es, wenn Sie sich den unsichtbaren Mantel vorstellen, wie er Sie umhüllt, oder wenn Sie wollen, wie er diese spezielle Schwingung ausstrahlt. Schon haben Sie bewusst und unbewusst diese Ansammlung an positiven Gefühlen zur Verfügung. Und stellen Sie sich vor, wenn Sie beginnen, kreativ zu werden: ein Mantel für die Begrüßung, ein Mantel für das Herausfinden von Bedürfnissen und Werten und vielleicht ein Mantel, um Ihr Produkt auf eine ganz besondere Art zu verkaufen.

Körperhaltung und Bewegung

Wer über längere Zeit ausschließlich telefoniert, sollte bewusst Verantwortung übernehmen für sein Wohlbefinden und seine Gesundheit. Risikofaktoren sind hier Verspannungen durch Bewegungsmangel und Überlastungen des Rückens durch ungünstige Körperhaltungen. Ermüdungserscheinungen, verminderte Leistungsfähigkeit und chronische Schmerzen oder Erkrankungen sind Folgeerscheinungen, denen Sie vorbeugen können. Sorgen Sie für eine rückenschonende und gleichzeitig positiv aktivierende Körperhaltung. In Kapitel 1.2 „Optimale Körperspannung durch die richtige Haltung“ finden Sie konkrete Anregungen für eine praktische Umsetzung. Neben einer gesunden Körperhaltung können Sie durch Entspannungs- und Auflockerungsübungen für einen guten Ausgleich zu Bewegungsmangel und Stressbelastungen sorgen.

Auflockerungs- und Dehnungsübungen

Nehmen Sie sich jede Stunde einige Minuten Zeit, um durch Lockerungs-, Dehnungs- und Flexibilisierungsübungen sicherzustellen, dass Verspannungen und Ermüdungen aufgelöst werden oder gar nicht erst entstehen.

Die folgenden Übungen sind besonders gut dafür geeignet, sie auch während der Arbeitszeit durchzuführen.

Übungen zur Auflockerung (durchführbar im Sitzen oder im Stehen)
◆ Schulterkreisen (einseitig oder beidseitig) Bewegen Sie eine oder beide Schultern nach oben, vorne, unten, hinten und beschreiben Sie auf diese Weise wiederholt einen Kreis. ◆ Schulterhüpfen (einseitig oder beidseitig) Bewegen Sie eine oder beide Schultern wiederholt nach oben und unten. ◆ Ellenbogenkreisen Winkeln Sie die Arme an und strecken Sie die Ellenbogen zur Seite. Kreisen Sie mit den Ellenbogen. ◆ Armkreisen Spreizen Sie die herabhängenden Arme etwas zur Seite und kreisen Sie mit den gestreckten Armen. ◆ Recken und Strecken Strecken Sie beide Arme nach oben und greifen Sie abwechselnd nach imaginärem Obst. ◆ Kopfwippen Bewegen Sie Ihren Kopf vorsichtig nach hinten in den Nacken und bringen Sie anschließend Ihr Kinn vorsichtig zur Brust. ◆ Kopfdrehen Halten Sie Ihren Kopf gerade und drehen Sie ihn langsam abwechselnd nach rechts zur Seite und nach links zur Seite. ◆ Handgelenkkreisen Falten Sie Ihre Hände wie zum Gebet und lassen Sie die gefalteten Hände kreisen. ◆ Handgelenkbeugen Strecken Sie die Hände gerade nach vorn und bewegen Sie sie abwechselnd nach oben und nach unten.

- Finger spreizen
  Spreizen und lösen Sie abwechselnd Ihre Finger.
- Finger greifen
  Greifen Sie mit Ihren Fingern und lösen Sie sie wieder, so als würden Sie Schwämme ausdrücken.
- Fußgelenkkreisen
  Lassen Sie Ihre Füße mit gespreizten Zehen kreisen.
- Fußgelenkbeugen
  Strecken und beugen Sie abwechselnd Ihre Füße nach vorne und nach oben.
- Einrollen und Aufrichten
  Lassen Sie Ihren Oberkörper nach unten fallen. Richten Sie sich Wirbel für Wirbel wieder auf.

Übungen zur Dehnung

- Waden dehnen
  Ziehen Sie die Zehenspitzen einige Male nach oben in Richtung Knie und lassen Sie wieder los.
- Schultern, Arme, Handgelenke und Finger nach vorn dehnen
  Verschränken Sie die Hände, drehen Sie die Handflächen nach vorn und strecken Sie die Hände vor der Brust weit nach vorne.
- Brust, Schulter und Hände nach hinten strecken
  Verschränken Sie die Hände hinter dem Rücken und strecken Sie die Arme abwechselnd nach unten.
- Schulter, Rücken, Arme und Hände nach oben strecken
  Verschränken Sie die Hände und strecken Sie die Arme nach oben. Die Handflächen zeigen dabei nach oben.
- Nacken seitlich neigen
  Strecken Sie den Kopf seitlich zur linken Schulter und drücken Sie den rechten Arm nach unten. Wechseln Sie ein paar Mal die Seiten.

- Nacken strecken
  Strecken Sie den Kopf aus dem Nacken heraus nach vorne oben.
- Schultern und Hüfte gegeneinander strecken (im Sitzen)
  Schlagen Sie das rechte Bein über das linke. Umfassen Sie mit Ihrer linken Hand das rechte Knie. Drehen Sie Ihren Oberkörper nach rechts und schauen Sie über die rechte Schulter nach hinten. Wechseln Sie einige Male die Seiten.

3.2 Effektivitäts-Analyse Ihres Telefoneinsatzes

Die folgende Checkliste hilft Ihnen einzuschätzen, wie effektiv Sie bereits telefonieren und welche Potenziale Sie noch entfalten können.

Wie effektiv telefonieren Sie?

1. Haben Sie vor jedem Anruf ein klares Gesprächsziel vor Augen und Stichworte notiert?
2. Merken Sie sich bei Erstkontakten den Namen des Gesprächspartners?
3. Sprechen Sie Ihre Gesprächsparter wiederholt mit Namen an?
4. Sind Sie mit dem Geschäftsvorfall oder Vorgang voll vertraut? Haben Sie alle Informationen direkt vorliegen?
5. Liegen alle notwendigen Unterlagen (Angebot, Preislisten, technische Daten etc.) griffbereit?
6. Haben Sie Telefonzeiten eingeplant, in denen Sie ausschließlich telefonieren?
7. Wissen andere, wann Sie erreichbar sind?
8. Wissen andere, dass Sie bei Abwesenheit tatsächlich zurückrufen werden?
9. Notieren Sie zugesagte Aktivitäten und vereinbarte Rückrufe für andere sofort?

10. Informieren Sie andere bei Gesprächsweitergabe über Person und Anliegen des Anrufers?
11. Werden in Ihrer Abwesenheit Name, Telefonnummer und Grund des Anrufers korrekt notiert?
12. Können Sie auch Nein sagen, wenn Sie gerade etwas sehr viel Wichtigeres zu erledigen haben?

3.3 Telefon-Kompetenz-Check

Diese Checkliste zeigt Ihnen, über welche Kompetenzen Sie bereits verfügen und welche Sie noch weiterentwickeln können.

Wie hoch ist Ihre Telefon-Kompetenz?

1. Melden Sie sich bei eingehenden Anrufen freundlich mit dem Namen der Firma und Ihrem eigenen Namen?
2. Nennen Sie bei von Ihnen ausgehenden Anrufen Ihren Namen und den Namen Ihrer Firma?
3. Sprechen Sie deutlich?
4. Sprechen Sie ausreichend langsam?
5. Können Sie Ihre Stimme färben? (nützliche Stimmfärbungen bzw. Subtexte sind: *„Das ist phänomenal.“* *„Das ist interessant.“* *„Ich freue mich.“*)
6. Erkennen Sie den Hauptwahrnehmungskanal Ihres Gesprächspartners (Sehen, Hören, Fühlen)?
7. Können Sie Ihre Wortwahl dem Hauptwahrnehmungskanal Ihres Gesprächspartners anpassen (z.B. verstehen, einleuchten, begreifen)?
8. Können Sie den Nutzen Ihres Angebots auf für allen Sinneskanäle darstellen?
9. Können Sie Hin-zu-Motivation aktivieren?
10. Können Sie Weg-von-Motivation aktivieren?

11. Können Sie Einwände und Vorwände unterscheiden?
12. Können Sie Einwände als Kaufsignale erkennen und behandeln?
13. Können Sie Ihren Gesprächspartner durch Fragen motivieren?
14. Können Sie einschätzen, in welcher Phase des Kaufprozesses Ihr potenzieller Kunde sich gerade befindet?
15. Können Sie die Werte und Anforderungen des Kunden durch Fragen ermitteln?
16. Können Sie die Kriterien für erfüllte Werte und Anforderungen des Kunden durch Fragen ermitteln?
17. Können Sie die Wahrnehmungsfilter Ihrer Gesprächspartner erkennen und nutzen (Richtungs-Filter, Ausschnitts-Filter, Zeit-Filter)?
18. Können Sie Ihren Gesprächspartner überzeugen?
19. Können Sie einen Telefonleitfaden entwickeln?
20. Können Sie einen Akquise-Bogen entwickeln?

Auf den Punkt gebracht:

So sorgen Sie für Ihren guten Zustand

- Wählen Sie den Zustand, in dem Sie sich während des Telefonats befinden wollen.
- Erinnern Sie sich an eine Situation, in der Sie in diesem Zustand waren. Verknüpfen Sie die Erinnerung mit der bildlichen Vorstellung eines farbigen Mantels.
- Aktivieren Sie den erwünschten Zustand, indem Sie die Vorstellung des farbigen Mantels um sich herum wieder lebendig werden lassen und aufrechterhalten.
- Bewegen Sie sich zwischenzeitlich immer wieder reichlich. Absolvieren Sie stündlich ein kleines Lockerungs- und Dehnungsprogramm für einen entspannten und gleichzeitig gut aktivierten Körper.
- Trinken Sie viel Wasser. Mindestens einen Liter pro Tag.
- Setzen Sie sich für jeden Tag motivierende, erreichbare Ziele. Nehmen Sie sich z.B. vor, mindestens 5 Gesprächspartner in einen interessierten Zustand zu führen.
- Anerkennen Sie sich selbst immer wieder. Sagen Sie sich innerlich, was Sie an Ihrer Arbeit schätzen.
- Sorgen Sie gut für sich. Schaffen Sie sich eine angenehme Umgebung mit ausreichend frischer Luft, schönen Bildern, einem bequemen Stuhl und grünen Pflanzen.

4 Telefon-Praxis

Wissen wie es geht ist Silber, es tun ist Gold

Alles Wissen über Telefonieren ist nur die eine Seite der Medaille. Die andere ist Tun. Manchmal ist es besser, mehr zu wagen und weniger zu studieren.
Der Griff zum Telefonhörer ist durch nichts zu ersetzten und Sie brauchen nicht 6 Monate lang Bücher über Gesprächsstrategien zu lesen, bevor Sie den ersten Anruf wagen. Das Wichtigste beim Telefonieren, wie bei allem Tun, ist Intention. Je klarer Ihre Absicht, desto klarer Ihre Handlung.
Nutzen Sie die folgenden Abschnitte, um Ihre Telefongespräche Stück für Stück zu verbessern und beginnen Sie schon jetzt mit der Praxis.

4.1 Gesprächsvorbereitung

Telefonprofis bereiten sich detailliert auf einen Anruf vor, weil sie wissen, dass ihr Erfolg zu 50 Prozent von der richtigen Strategie abhängt. Sie sammeln Informationen über den Gesprächspartner und machen sich bewusst, was die eigenen Wünsche und die Wünsche des anderen sind, sodass es ihnen leicht fällt, eine Win-Win-Konstellation im Gespräch herzustellen.
Der Umfang der Vorbereitungen hängt davon ab, ob Sie eine völlig neue Kampagne planen oder einfach einen neuen Kunden innerhalb einer laufenden Telefonaktion gewinnen wollen. Für eine erfolgreiche neue Kampagne ist es unerlässlich, sich umfassend und detailliert vorzubereiten. Nehmen Sie diese Phase bitte wichtig. Sie ist ein entscheidender Meilenstein zu Ihrem Erfolg.

Zieldefinition

„Würdest du mir bitte sagen, wie ich von hier aus weitergehen soll?“
„Das hängt zum großen Teil davon ab, wohin du möchtest“, sagte die Katze.
„Ach, wohin ist mir eigentlich gleich …“, sagte Alice.
Dann ist es auch egal, wie Du weitergehst“, sagte die Katze.

Lewis Carrol, Alice im Wunderland

Sie werden in einem Gespräch nie mehr erreichen, als Sie sich vorgenommen haben. Entwickeln Sie ein starkes Zielbewusstsein, um sich innerlich voll darauf ausrichten zu können, was Sie wollen. Nur wenn Sie wissen, was Sie wollen, wenn Sie eine starke innere Vorstellung davon haben, können Sie zielführend aktiv werden.

Innerhalb eines Telefongesprächs gibt es viele Ziele:

- Gut drauf sein.
- Eine positive Stimmung schaffen.
- Verständlich sprechen.
- Interesse wecken.
- Dem Gesprächspartner Wertschätzung demonstrieren.
- Eine tragfähige Beziehung herstellen.
- Das eigene Anliegen deutlich machen.
- Den Nutzen für den Gesprächspartner darstellen.
- Informationen bekommen.
- Verstehen und sich merken, was der Gesprächspartner sagt.
- Das Gespräch aktiv in eine erwünschte Richtung führen.
- Einen Termin vereinbaren. Zustimmung bewirken.
- Den Kunden zum Abschluss bewegen.
- Die Ergebnisse und Vereinbarungen noch einmal zusammenfassen.

Achten Sie bitte darauf, sich selbst nicht zu überfordern, indem Sie alles gleichzeitig „richtig“ machen wollen. Sie können sich wirklich entspannen. In einer Begegnung mit einem anderen Menschen gibt es kein „falsch“. Und ein Telefongespräch ist zunächst einmal eine Begegnung mit einem interessanten

Menschen. Die meisten Menschen fürchten sich vor der Begegnung mit einem Fremden. Aber jeder Fremde ist ein potenzieller Freund, Bekannter oder Partner. Nutzen Sie jedes Telefonat für eine spannende, erfreuliche Begegenung mit einem interessanten Menschen. Sie werden feststellen, dass Ihre innere Einstellung dem Gesprächspartner gegenüber darüber entscheidet, wie entspannt und angenehm Sie ein Gespräch führen können.

Je mehr Sie Ihre Sicherheit in der „Begegnung am Telefon" spüren, desto mehr können Sie auf weitere Details achten und so Schritt für Schritt Ihre Telefonkompetenz ausbauen, indem Sie mit einem kleinen Ziel beginnen. Wissen Sie, wie man einen Elefanten isst? Stück für Stück! Und genauso erwerben Sie Ihre volle Telefonkompetenz! Beginnen Sie mit einem Teilziel. Achten Sie in den nächsten Telefonaten darauf, den Gesprächspartner mit seinem Namen anzusprechen. Achten Sie in den folgenden Telefonaten darauf, den Nutzen Ihres Angebots für den Gesprächspartner lebendig und eindrucksvoll darzustellen. Auf diese Art lernen Sie Tag für Tag dazu und bauen kontinuierlich Ihre Telefonkompetenz auf.

Verlieren Sie bei der Verfeinerung Ihrer Telefontechniken nicht den Blick für das Wesentliche. Bevor Sie zum Hörer greifen sollten Sie wissen, was Ihr Hauptanliegen für dieses Gespräch ist.

Was genau wollen Sie? Soll Ihr Gesprächspartner etwas für Sie tun? Möchten Sie Informationen haben? Wollen Sie eine neue Beziehung aufbauen? Soll Ihr Gesprächspartner etwas Bestimmtes wissen, glauben oder fühlen?

Finden Sie sehr klar für sich heraus, was Ihr Anliegen ist, denn nur wenn Sie sich Ihrer Ziele bewusst sind, können Sie eine geeignete Stragegie entwickeln, um Ihre Ziele wirklich zu erreichen. Oft sind Menschen zunächst überrascht, was sie alles von anderen bekommen, wenn sie direkt danach fragen.

Nutzen Sie die folgenden Fragen, um sich Klarheit darüber zu verschaffen, was genau Sie wollen, und setzen Sie dann die im Anschluss vorgestellten Techniken ein, um Ihre Ziele zu verwirklichen.

Formulieren Sie Ihre Ziele schriftlich!

Beantworten Sie sich zu Beginn die folgenden Fragen:

- Was ist das Ziel meines Anrufs?
- Welche Inhalte möchte ich transportieren? (meine Dienstleistung, seine Vorteile …)
- Was soll mein Gesprächspartner tun? (Termin vereinbaren, Informationen geben …)
- Welche Qualität von Beziehung möchte ich kreieren? (z.B. partnerschaftlich und distanziert oder freundschaftlich und nah)
- Welche Emotionen will ich aktivieren? (Neugier, Heiterkeit, Freude, Begeisterung …)

Telefonleitfaden

Ihr persönlicher Wegweiser im freien Gelände einer neuen Telefonkampagne ist der Telefonleitfaden. Er zeigt Ihnen auf einen Blick, wohin es geht, welche Wege Sie gehen können, und welche Schritte unerlässlich sind, um wirklich anzukommen.

Sie werden auf alle Fälle von der Erstellung des Telefonleitfadens profitieren, denn indem Sie sich Gedanken über Ihre Ziele, Wege und Schritte machen, richten Sie sich schon innerlich dorthin aus und werden auf diese Weise in Ihrem Unterbewusstsein die wichtigsten Gesprächskomponenten automatisch verfügbar haben.

Mit dem guten Gefühl zu wissen, was Sie wollen und zu wissen, wie Sie es kommunizieren werden, können Sie ganz entspannt und zuversichtlich zum Telefonhörer greifen.

Die Bestandteile eines guten Telefonleitfadens

Ein guter Telefonleitfaden führt Sie durch alle wichtigen Bereiche eines erfolgreichen Telefonats.

Er beinhaltet:

- Ihr Anliegen
- Eine überzeugende Nutzenargumentation
- Eine wirksame Einwandargumentation
- Eine Aufforderung zum Handeln
- Eine Manifestation der Ergebnisse

Teilen Sie Ihren Weg zum Erfolg in 7 Schritte auf und formulieren Sie schriftlich, wie Sie Ihren Gesprächspartner durch jede Gesprächsphase führen wollen.

1. Positiver Gesprächseinstieg

Nennen Sie den Namen des Unternehmens, Ihren eigenen Namen und begrüßen Sie Ihren Ansprechpartner freundlich. Zeigen Sie Wertschätzung. Erregen Sie Aufmerksamkeit und wecken Sie Interesse.
„Hier ist die Firma Meier. Mein Name ist Frank Fröhlich. Guten Tag Herr Lehmann." – Pause – Gruß des Gesprächspartners abwarten
„Störe ich?"
Wenn „Ja", dann: *„Wann passt es für Sie besser?"*
Wenn „Nein", dann: *„Wir sind eine international agierende Marketingagentur und können Ihnen neue Geschäftskontakte vermitteln. Wie interessant ist das für Sie?*

2. Kurzpräsentation

Zeigen Sie dem Gesprächspartner, worum es geht und was er davon hat, mit Ihnen zu sprechen.

Beantworten Sie in diesem Teil die Fragen:

- Was ist das Thema des Anrufs?
- Was hat mein Geprächspartner ganz konkret davon, mit mir zu sprechen?
- Was kann ich für meinen Gesprächspartner tun?
- Was ist der deutlich nachvollziehbare Hauptvorteil meines Angebots für den Kunden?

3. Aktivierungsfragen

Stellen Sie dem Gesprächspartner offene Fragen, die ihn anregen, über sich, das Unternehmen und die Ist-Situation zu sprechen. Er wird gerne über Erfolge und Werte des Unternehmens sprechen. Fragen Sie ihn danach. Wenn Sie sein Vertrauen haben, dann fragen Sie weiter nach Problemen *(„Welche Verbesserungsmöglichkeiten sehen Sie im Bereich XYZ?“)* und Zielen *(„Was wollen Sie im Bereich XYZ noch erreichen?“).*

4. Nutzen-Argumentation

Stellen Sie dar, wie Ihr Produkt oder Ihre Dienstleistung den Gesprächspartner bereichert. Zeigen Sie Weg-von-Nutzen und Hin-zu-Nutzen. Schildern Sie ein Problem des Kunden *(„Kennen Sie das … ?)* und bieten Sie eine Lösung an. Sprechen Sie über ein Ziel des Kunden und geben Sie ihm das Gefühl, Sie können ihm helfen es zu erreichen.

5. Einwandbehandlung

Notieren Sie sich die wahrscheinlichsten Einwände und finden Sie wirksame Formulierungen, um diese Einwände zu entkräften, indem Sie die dahinter stehenden Wünsche ansprechen. Stellen Sie sich vor, Ihr Gesprächspartner sagt *„Das ist mir zu teuer.“* Wenn Sie ihm nun konkret vorrechnen, wie viel er durch die Annahme Ihrer Leistung im Vergleich zu seiner üblichen Praxis spart, ist dieser Einwand mit Sicherheit ausgeräumt.

Sie brauchen dann allerdings auch eine Verkaufsstrategie, die den Ansprechpartner wirklich von Ihrer Behauptung überzeugt. Finden Sie für jeden denkbaren Einwand eine Strategie, ihn zu entkräften.

6. Ergebnisaktivierung

Sie haben aus einem ganz bestimmten Grund angerufen. Finden Sie jetzt die Worte, die zu Ihrem erwünschten Ergebnis führen. Wenn Sie ein persönliches Gespräch wollen, dann bieten Sie ein persönliches Gespräch an. Falls Sie bestimmte Informationen haben möchten, dann fragen Sie danach. Soll Ihr Gesprächspartner etwas Konkretes tun, dann fordern Sie ihn dazu auf.

7. Manifestation

Beenden Sie das Gespräch, indem Sie die Ergebnisse noch einmal zusammenfassen. Bedanken Sie sich für das Gespräch. Bei jedem Gespräch bleiben die letzten Sätze am längsten in Erinnerung. Finden Sie einen eindrucksvollen positiven Abschlusssatz.

Hier ein Beispiel für einen Telefonleitfaden

Ihr roter Faden

Telefonleitfaden für die Kalt-Akquise-Aktion „Interessenten für Telefontrainings sondieren" – Gespräch mit dem Entscheider

1. Gesprächseinstieg

„Hallo. Hier ist die Firma PhoneSuccess. Mein Name ist Peter Präsenz. Guten Tag Anrede Name."
(Pause - Gruß des Gesprächspartners abwarten]
„Störe ich?"
„Ja" ➠ *„Wann passt es für Sie besser?"*
„Nein" ➠ weiter

2. Kurzpräsentation

Thema des Anrufs: *„Es geht um die Qualtifikation Ihrer Mitarbeiter in der telefonischen Neukundengewinnung."*

Wer sind wir, was können wir für den Gesprächspartner und sein Unternehmen tun: *„Wir sind ein Trainingsunternehmen mit dem Schwerpunkt Neukundengewinnung und qualifizieren Mitarbeiter und Führungskräfte für erfolgreiche Kundenkontakte."*

Nutzen für den Gesprächspartner und Interesse-Wecker: *„Durch unser Telefontraining werden Ihre Mitarbeiter mehr qualifizierte Termine für den Außendienst vereinbaren. Das bedeutet für Sie mehr Umsatz und erhöhte Motivation Ihrer Mitarbeiter."*

Was ist der Hauptvorteil Ihres Angebots für den Kunden: *„Das Besondere an unseren Trainings ist der integrierte Praxisleitfaden, der es jedem Teilnehmer ermöglicht, die erlernten Inhalte des Trainings sofort in der Praxis anzuwenden."*

3. Aktivierungsfragen

Besteht Bedarf und Interesse: *„Wie sieht denn Ihr Interesse an einer Steigerung der Neukundengewinnung aus?"*
Mögliche Antwort:...
Und was halten Sie von der Möglichkeit, Ihre Mitarbeiter weiter zu motivieren und weiter zu befähigen, neue Kunden zu gewinnen?
Mögliche Antwort:...
Anforderungen an das Produkt: *„Welche Anforderungen haben Sie denn an ein Telefontraining für Ihre Mitarbeiter?"*
Mögliche Antwort:...
Wie stellt sich die IST-Situation dar: *„Wie schnell könnten Sie sich vorstellen, wenn es für Sie sinnvoll ist, ein Telefontraining für Ihre Mitarbeiter zu veranstalten?"*
Mögliche Antwort:...

4. Nutzen-Argumentation

„Ich höre immer wieder von Entscheidern, wie schwierig es zurzeit ist, Kunden zu gewinnen und erlebe täglich, dass Firmen Ihre Marketingausgaben soweit kürzen, dass die Neukundengewinnung einschläft und das Unternehmen in eine gefährliche Schieflage gerät. Und gleichzeitig sehe ich die Erfolge derer, die sich für eine offensive Marketingstrategie entschieden haben und so auch in harten Zeiten weiter neue Kunden gewinnen können.

Gerade Telefonmarketing ist ein oft unterschätztes Instrument, um schnell und kostengünstig Erfolge zu erzielen und das Geschäft anzukurbeln. Ich war selbst erstaunt, als mir der Marke-

ting-Experte eines großen Softwarehauses verraten hat, dass sein Unternehmen 90 Prozent der Neukunden durch Telefon-Akquise gewinnt. Es zeigt sich immer wieder, dass die persönliche Ansprache und der direkte professionelle Kontakt mit den zuständigen Verantwortlichen über den Erfolg großer Geschäfte und dauerhafte Kundenbeziehungen entscheidet."

5. Einwand-Behandlung

Kontra: *„Wir haben schlechte Erfahrungen mit Trainings gemacht!"*

Pro: *„Unsere Referenzliste zufriedener Kunden wird Sie davon überzeugen, dass unsere Trainings halten, was sie versprechen."*

Kontra: *„Das ist zu teuer!"*

Pro: *„Angenommen, Sie würden innerhalb von einem Monat Ihren Umsatz dauerhaft um 20 Prozent steigern, wäre das Training dafür nicht eine lohnende Investition?"*

Kontra: *„Wir haben keine Zeit!"*

Pro: *„Wir können das Training auch am Wochenende oder abends durchführen. Wie würde das für Sie passen?"*

6. Ergebnis-Aktivierung

„Damit Sie sich ein genaues Bild machen können von der Wirkung unserer Trainings, unserer Arbeitsweise und dem Auftreten unserer Trainer, schlage ich vor, wir treffen uns für ein kurzes Gespräch bei Ihnen."

Ja ➠ *„Wann haben Sie in der nächsten Woche Zeit?"*

Nein ➠ *„Dann schicke ich Ihnen jetzt alle wichtigen Unterlagen zu und schlage vor, wir unterhalten uns erst wieder, wenn Sie die Unterlagen gelesen haben. Wann sind Sie in der nächsten Woche gut telefonisch erreichbar?"*

Sie haben aus einem ganz bestimmten Grund angerufen. Finden Sie jetzt die Worte, die zu Ihrem erwünschten Ergebnis führen. Wenn Sie ein persönliches Gespräch wollen, dann bieten Sie ein persönliches Gespräch an. Falls Sie bestimmte Informationen haben möchten, dann fragen Sie danach. Soll Ihr Gesprächspartner etwas konkretes tun, dann fordern Sie ihn dazu auf.

7. Manifestation

Zusammenfassung der Vereinbarungen, persönliches positives Feedback, Dank, Abschiedsgruß

„Wir haben also vereinbart, dass ich bis … und dass Sie bis …“

„Ich fand unser Gespräch sehr angenehm und informativ … Vielen Dank! Ich wünsche Ihnen noch einen schönen Tag und freue mich auf unser nächstes Gespräch.
Auf Wiederhören Herr … / Frau …!“

4.2 Gesprächsführung

Momo … konnte so zuhören, dass ratlose oder unentschlossene Leute auf einmal ganz genau wussten, was sie wollten. Oder dass Schüchterne sich plötzlich frei und mutig fühlten. Oder dass Unglückliche und Bedrückte zuversichtlich und froh wurden. … So konnte Momo zuhören!

Michael Ende: Momo

Ein gutes Gespräch zwischen zwei Menschen funktioniert immer dann, wenn eine Balance besteht – zwischen sprechen und zuhören, Aktivität und Reaktivität, geben und nehmen. Solange beide Gesprächspartner diese Qualitäten mit einbringen, fließt ein Gespräch wie von selbst.

Grundfähigkeiten für ein gutes Gespräch

Neben den Grundqualitäten, die Sie brauchen, um ein Gespräch zum Fließen zu bringen und es weiter fließen zu lassen, brauchen Sie am Telefon zusätzliche Fähigkeiten, um dem Gespräch Form und Richtung zu geben und diese Begegnung zu einer angenehmen Erfahrung werden lassen.

Aufmerksamkeit

Wir alle haben die Fähigkeit, unsere Aufmerksamkeit auf tausend verschiedene Dinge zu lenken. Wir schauen Fernsehen und konzentrieren uns auf die Bilder, wir lesen ein Buch und konzentrieren uns auf den Text, wir sprechen mit einem anderen Menschen und konzentrieren uns voll auf ihn.

Oft geht die Aufmerksamkeit für unser Gegenüber verloren. Wir starren in die Luft, nicken mechanisch zu seinen Ausführungen und sind überall, nur nicht bei unserem Gegenüber. Aufmerksamkeit bedeutet wirklich präsent zu sein und mit allen Sinnen den Anderen wahrzunehmen. Durch Ihre volle Aufmerksamkeit bauen Sie eine Brücke zum Anderen und ermöglichen ihm dadurch, vertrauensvoll und offen mit Ihnen zu kommunizieren.

Beim Telefonieren bedeutet das: Hören Sie hin und hören Sie zu. In diesem Moment gibt es nichts Wichtigeres als die Stimme und die Worte Ihres Gesprächspartners. Nehmen Sie wichtig, was er sagt und wie er es sagt. Ihr Gesprächspartner wird Ihre Aufmerksamkeit spüren und mit Vertrauen und Offenheit reagieren.

Duplikation

„Ein Eichhörnchen sitzt auf einer alten Eiche und knabbert vergnügt eine Nuss.“ Sicher ist es Ihnen leicht gefallen, sofort innerlich ein Bild oder einen Film entstehen zu lassen, der den Inhalt dieses Satzes abbildet.

Diesen Prozess nennt man Duplikation. Sie erzeugen in Ihrem Inneren ein genaues Abbild dessen, was Sie von jemanden lesen oder hören. Ohne diese Duplikation in Ihrem Inneren kann Ihnen jemand erzählen, was er will, Sie werden ihn nicht verstehen.

Unsere Fähigkeit zur Duplikation ist heute durch unsere Gewohnheiten, Informationen aufzunehmen, in Mitleidenschaft gezogen. Die Bilderfluten des Fernsehens entfernen uns von unserer Fähigkeit, gesprochene oder gelesene Inhalte in unsere innere Vorstellungswelt zu übersetzen, denn die Bilder des

Fernsehens nehmen wir direkt auf, ohne die Nowendigkeit, eigene Bilder zu entwickeln.
Üben Sie diese wichtige Fähigkeit wieder ein, denn ohne sie werden Sie keine befriedigende Kommunikation mit anderen Menschen erleben. Vielleicht haben Sie Lust, wieder einmal eine Geschichte zu lesen oder ein Hörspiel zu hören. Dabei aktivieren Sie automatisch Ihre Fähigkeit zur Duplikation. Sie werden sehen, bei Ihren nächsten Telefonaten nutzen Sie wieder bewusst ihre Fähigkeit zur Duplikation und werden automatisch die Worte Ihres Gesprächspartners in konkrete innere Vorstellungen übersetzen.

Positives Feedback

Stellen Sie sich einmal vor, Sie erzählen einem Freund am Telefon eine Geschichte, die Ihnen kürzlich passiert ist und er sagt die ganze Zeit keinen Ton. Oder er begleitet Ihre Ausführungen lediglich mit einem gelegentlichen gelangweilten *„Hm“*. Sicher würden Sie sehr bald die Lust verlieren, weiter zu erzählen.
Wir alle brauchen und wollen positives Feedback. Wir wollen unsere Geprächspartner erstaunt, begeistert, erfreut, berührt und ergriffen sehen, hören und erleben. Wir freuen uns über ein begeistertes *„Super!“* oder ein ungläubig erstauntes *„Echt?“*, während wir von unseren Abenteuern berichten. Wir wissen es zu schätzen, wenn unser Gesprächspartner noch einmal kurz zusammenfasst, was wir gerade erzählt haben, weil uns dass zeigt, er war und ist die ganze Zeit mit seiner ganzen Aufmerksamkeit bei uns. Wir genießen die Bestätigung, wenn der Andere zu uns sagt, *„Das hast du ja toll gemacht.“*

> Besonders am Telefon, wo der Andere nur durch seine Stimme präsent ist, ist positives Feedback wichtig, damit der Faden nicht reißt.

Formen für positives Feedback

- positive Ausrufe und Kommentare *(„interessant!“, „stark!“, „Wow!“)*

Telefongespräche erfordern uneingeschränkte Aufmerksamkeit

- sinngemäßes Wiederholen *(„Da haben Sie also selbst das Ruder in die Hand genommen.")*
- Bestätigungen und Zustimmungen *(„Das war eine reife Leistung." „Das haben Sie toll gemacht.")*

Phasen der Gesprächsführung

Es ist ein Unterschied, ein gutes Gespräch zu haben oder ein gutes Gespräch zu führen. Ein gutes Gespräch zu haben kann bedeuten, Sie unterhalten sich zwei Stunden angeregt mit einem Menschen und haben eine gute Zeit. Das ist wunderbar – aber oft nicht das Ziel eines Telefonats. Hier möchten Sie in einer kurzen Zeit ein selbst bestimmtes Ergebnis erzielen. In diesem Fall ist nicht das gute Gespräch das Ziel, sondern das vorgefasste Gesprächsergebnis.
Zielorientierte Gespräche brauchen eine gewisse Choreografie, mit deren Hilfe Sie Schritt für Schritt zu Ihrem erwünschten Ergebnis gelangen. Sie übernehmen die Führung und leiten Ihren

Gesprächspartner wie durch einen Garten durch das Gespräch. Der Garten hat einen Eingang und einen Ausgang und dazwischen warten verschiedene Plätze auf Ihren Besuch. Je nachdem, welches Ziel Sie erreichen wollen, werden Sie den Besuch zu verschiedenen Plätzen führen und dort unterschiedlich lange verweilen, um dann wieder weiterzugehen bis zum nächsten schönen Ort. Sie können selbst entscheiden, in welcher Form Sie in die Rolle des Führenden gehen. Wichtig ist, dass Sie diese Rolle bewusst annehmen und ausfüllen. Seien Sie der Führende des Gesprächs und leiten Sie Ihren Gesprächspartner behutsam und freundlich, aber entschlossen durch das ganze Gespräch.

Im Folgenden lernen Sie die Phasen kennen, durch die Sie als Gesprächs-Führender Ihre Partner geleiten können.

Begrüßung

„Hallo Herr Mai! Schön Sie zu hören. Wie geht es Ihnen?"

Die Begrüßung öffnet eine Tür zu einem bestimmten Raum von Miteinander. Sie können bereits mit der Begrüßung bestimmen, in welchen gemeinsamen Kommunikationsraum Sie Ihr Gegenüber einladen. Sie sagen etwas darüber aus, wie Sie sich sehen, wie Sie gesehen werden wollen, wie Sie Ihr Gegenüber sehen, auf welche Art Sie mit Ihrem Gegenüber Begegnung wollen oder erwarten.

Sie können zum Beispiel auftreten als Bittsteller, als Gönner oder als souveräner Partner. Sie können Ihren Gesprächspartner behandeln als Diener, als Kaiser oder auf gleicher Augenhöhe. Sie können Ihren Geprächspartner einladen zu einer formellen oder informellen Begegnung, zu einer steifen, lockeren, strengen, humorvollen, leichten oder schweren Begegnung.

> Entscheiden Sie sich bewusst für die Einstellung, die Sie sich selbst, Ihrem Geprächspartner und der Beziehung gegenüber einnehmen wollen.

Diese innere Einstellung wird sich in einer äußeren Haltung, einer bestimmten Wortwahl und einem bestimmen Tonfall manifestieren. Sie können für Ihre innere Einstimmung beispielsweise die folgende Formel verwenden: *„Ich als (z.B. erfolgreicher Dienstleister) begrüße Sie (z.B. als geachteten Kunden) in einer (z.B. freundschaftlichen) Beziehung."*

Smalltalk

Smalltalk ist ein Beziehungsspiel. Es geht dabei nicht darum, besonders intelligente oder witzige Dinge zu sagen. Es geht darum, auf lockere und leichte Art eine momentane gute Beziehung zu erschaffen. Sie stellen durch Smalltalk eine positive Verbindung zu Ihrem Gesprächspartner her. Entscheidend ist dabei nicht so sehr was Sie sagen, sondern mit welcher Intention Sie etwas sagen.

Die Intentionen für Smalltalk können sein:

- eine angenehme, kommunikative Atmosphäre schaffen
- eine momentane gute Verbindung erschaffen
- den Anderen sich gut fühlen lassen
- miteinander eine gute Zeit haben

Das besondere am Smalltalk ist der zeitliche Ziel-Rahmen. Das angestrebte Ziel „in guter Beziehung sein" liegt nicht irgendwo in der nahen oder fernen Zukunft sondern einzig und allein in der Gegenwart. Das macht Smalltalk so schwer und so leicht. Schwer ist es, sich von der Vorstellung zu lösen, irgendetwas erreichen zu müssen. Leicht ist es, sich auf den Moment einzulassen und einfach eine gute Zeit miteinander zu verbringen. Neben aller Spontaneität können Sie einige Elemente des Smalltalk bewusst trainieren und einsetzen.

Smalltalk-Elemente sind:

- Lassen Sie Ihren Gesprächspartner an einer angenehmen Empfindung oder Erfahrung teilhaben,
  z.B.: *„Heute Morgen habe ich den Sonnenaufgang beobachtet. Es war phantastisch."*
- Lassen Sie Ihren Gesprächspartner ein Stückchen an Ihrem Privatleben teilhaben,

z.B.: *„Ich werde am Wochenende mit meiner Frau eine Wanderung im Schwarzwald unternehmen. Wir freuen uns schon darauf."*

- Machen Sie eine positive Bemerkung zur gegenwärtigen Situation,
  z.B.: „Die Sonne strahlt heute ganz besonders schön."
- Sagen Sie etwas Gutes über Ihren Gesprächspartner, das Sie in diesem Moment wirklich wahrnehmen und stellen Sie eine Frage dazu,
  z.B.: „Sie haben eine beeindruckend resonante Stimme. Wie machen Sie das?"

Gelungener Smalltalk ist kein Ein-Personen-Stück, sondern es gehören immer zwei Personen dazu, die etwas miteinander teilen wollen. Spielen Sie Ping-Pong. Spielen Sie Ihrem Gesprächspartner Bälle zu und spielen Sie seine Bälle zurück. Es kann sein, dass er nicht jeden Ball zurückspielt. Wichtig ist es dann, weiter zu spielen und neue Ballangebote zu machen. Wenn Sie bemerken, dass ein Ball von Ihnen zurückgespielt wurde, dann reagieren Sie darauf. Machen Sie es sich auch zur Gewohnheit, die Ballangebote Ihres Gesprächspartners zurückzuspielen.

Zielrahmen setzen

Ein Gespräch zu führen bedeutet, ein Thema und ein Ziel vorzugeben und es dem Gesprächspartner zu kommunizieren.

> Benennen Sie das Thema und das Ziel des Gesprächs direkt.

Indem Sie dies tun, übernehmen Sie die Führung des Gesprächs. Der Zielrahmen ist ein machtvolles Instrument der Gesprächsführung. Nutzen Sie es auf angemessene Weise und überfordern Sie Ihre Gesprächspartner nicht, indem Sie unrealistische oder überzogen Ziele setzen. Beachten Sie dabei, dass Sie die Zielsetzung so formulieren, dass Ihr Gesprächspartner einen Nutzen für sich darin sehen kann.

Beispiele:

- *„Herr Möller, ich rufe Sie an, um mit Ihnen den Ablauf der nächsten Sitzung zu vereinbaren, sodass Sie sicher sein können, Ihre Vorstellungen fließen mit ein."*
- *„Frau Lange, lassen Sie uns über den neuen Mitarbeiter sprechen und eine Vereinbarung darüber treffen, welche Qualifikationen er nachweisen soll, damit Sie mit der Stellenbesetzung beginnen können."*
- *„Frau Wagner, ich möchte Sie zu unserem nächsten Personalentwickler-Tag einladen und herausfinden, ob Sie Zeit haben, am Mittwoch in 2 Wochen kostenlos und zur Probe an unserem Führungskräfte-Training teilzunehmen.*

Selbstdarstellung

Gerade bei Gesprächen mit neuen, potenziellen Partnern ist es wichtig, darzustellen wer man ist, wie man ist und was man kann. Sprechen Sie über Ihre Kompetenzen, Ihre Erfolge und Ihre Referenzen, um Ihrem Gesprächspartner ein reichhaltiges positives Bild von sich zu vermitteln. Bereiten Sie einen Werbeblock vor, in dem Sie Ihre Qualitäten darstellen und präsentieren Sie diesen Geprächsteil je nach Bedarf.
Kompetenz demonstrieren Sie, indem Sie einige Ihrer Erfahrungen als Weisheiten verpackt zum Besten geben oder indem Sie über die positiven Effekte Ihrer Arbeit bei Ihren Kunden sprechen.

Beispiele:

- *„Eine klare Zielsetzung bestimmt zu 50 Prozent den Erfolg eines Seminars. Deshalb ermuntere ich die Teilnehmer meiner Veranstaltungen, zu Beginn ihre Ziele schriftlich festzuhalten. Viele sind dann überrascht über die punktgenauen Ergebnisse, die sie erreichen."*
- *„Neulich rief der Geschäftsführer einer Firma, die ich geschult habe, an und bedankte sich überschwänglich für die erstaunlichen positiven Veränderungen, die sich durch mein Seminar bei den Mitarbeitern eingestellt haben."*

Bescheidenheit ist an dieser Stelle nicht nötig. Stellen Sie Ihre Qualitäten in den Mittelpunkt und zeigen Sie, dass Sie stolz darauf sind. Je selbstverständlicher und glaubwürdiger Sie kommunizieren können *„Ich bin gut, erfolgreich und kompetent"*, desto leichter fällt es Ihrem Gesprächspartner Ihnen zu vertrauen.

Aktivierung des Gesprächspartners

Nicht immer werden Ihre Gesprächspartner so kommunikativ oder kooperativ sein, wie Sie es sich gerade wünschen. Dann ist es sinnvoll, Ihren Gesprächsparter durch Fragen zu aktivieren. Fragen Sie Ihren Gesprächspartner nach seiner Meinung, nach seiner Erfahrung, nach seiner Empfindung oder nach seiner Entscheidung. Stellen Sie offene Fragen, um längere Redephasen bei Ihrem Gegenüber zu provozieren, um ihn in die Gesprächsrichtung zu orientieren, die Sie selbst möchten.

Beispiele:

- *„Was halten Sie denn von innerbetrieblicher Weiterbildung?"*
- *„Welche Erfahrungen haben Sie denn mit innerbetrieblicher Weiterbildung gemacht?"*
- *„Welche Schulungsthemen halten Sie im Moment für besonders wichtig für Ihre Mitarbeiter?"*

Jede Frage lenkt die Aufmerksamkeit Ihres Gesprächspartners in eine bestimmte Richtung. Sie können durch den Fokus Ihrer Fragen die Richtung und die Intensität der Antworten steuern, die Sie bekommen. Entscheiden Sie vor jedem Gespräch, welche Aktivierungsfragen Sie stellen wollen und steuern Sie auf diese Art gezielt den Verlauf Ihrer Gespräche.

Pacing-Leading

Ein Gespräch zu führen ist kein Ein-Personen-Stück. Es ist vergleichbar mit einem Spaziergang. Nur wenn beide Partner in der gleichen Geschwindigkeit laufen, ist es ein gemeinsamer Spaziergang. Sie passen sich zunächst dem Tempo Ihres Partners an und erzeugen auf diese Weise Gemeinsamkeit, Nähe und Vertrauen. Nach einer Weile können Sie das Tempo drosseln oder beschleunigen und werden feststellen, dass Ihr Partner Ihnen folgt. Nach einer gewissen Zeit wird er sich vielleicht selbst wieder etwas zurückfallen lassen oder schneller laufen und Sie sind wieder an der Reihe sich mit Ihrem Tempo anzupassen. Bevor Sie das Tempo mitbestimmen konnen, müssen Sie sich zunächst auf das Tempo Ihres Partners einlassen. Es ist ein ständiger Wechsel von Mitgehen und Führen – von Pacing und Leading, wie die entsprechenden Fachbegriffe heißen.

Verbal können Sie in einem Gespräch mitgehen, indem Sie Gesprächsinhalte, Formulierungen oder einzelne Worte Ihres Gesprächspartners aufgreifen und wiederholen. Sie passen sich zunächst der Redeweise und dem Inhalt an, um danach selbst die Richtung des Gesprächs mitzubestimmen. Ihr Gesprächspartner wird Ihnen folgen, wenn Sie ihm eine Weile gefolgt sind.

Eine Gesprächs-Strategie des Mitgehens oder Pacens ist der so genannte Back-Track-Frame. Sie wiederholen wortwörtlich einzelne Gesprächs-Phrasen Ihres Partners und flechten sie mit in Ihr Gespräch ein.

Beispiel:

A: *„Wir suchen zur Zeit eine gute Software-Lösung für unseren Vertrieb."*

B: *„Ach, Sie suchen eine gute Software-Lösung?"*

A: *„Ja genau. Und wir haben uns schon überall umgesehen und wir haben noch nichts Passendes gefunden."*

B: *„Sie haben noch nichts Passendes gefunden?"*

A: *„Richtig ..."*

Diese Art des Dialogs erscheint vielleicht am Anfang etwas ungewöhnlich. Die Erfahrung zeigt jedoch, dass der Gesprächspartner völlig selbstverständlich auf diese Wiederholungen einsteigt und sie gerne auch noch einmal bestätigt. Probieren Sie es einige Male aus und Sie werden von der positiven Resonanz und der gesteigerten Gesprächsbereitschaft überrascht sein. Der Back-Track-Frame erfüllt eine wichtige Aufgabe von Feedback, nämlich Verständnis zu demonstrieren.

Appell

Professionelle Telefonate werden von Menschen geführt, die nicht nur ewas *für ihre Gesprächspartner,* sondern auch etwas *von ihren Gesprächspartnern* wollen. Sie wollen einen Termin, eine Information oder eine Handlung. Deshalb ist es wichtig, dem Gesprächspartner auch zu sagen, was er tun soll, denn nur so besteht die Chance, dass es wirklich geschieht.

> Gewöhnen Sie sich deshalb an, Formulierungen zu benutzen, die eine direkte oder indirekte Handlungsaufforderung sind.

Beispiele für direkte Handlungsaufforderungen

- *„Bitte verbinden Sie mich mit Ihrem Geschäftsführer und sagen Sie mir vorher noch seine Durchwahl."*
- *„Melden Sie sich doch einfach für ein kostenloses Probeseminar bei uns an und entscheiden Sie selbst, ob Sie Ihre Mitarbeiter bei uns fit machen wollen."*

Beispiele für indirekte Handlungsaufforderungen:

- *„Würde es Ihnen etwas ausmachen, Ihren Geschäftsführer zu bitten, mit zu unserem Treffen zu kommen?"*
- *„Was halten Sie davon, Ihren Geschäftsführer darüber zu informieren, dass wir für Sie ein kostenloses Probetraining anbieten?"*
- *„Möchten Sie vielleicht einen Termin mit mir vereinbaren?"*

Definieren Sie zu Beginn eines Telefongesprächs klar, wozu Sie Ihren Gesprächspartner auffordern wollen und überlegen Sie sich dafür geeignete Formulierungen. Ihre Klarheit bei der Formulierung das Appells entscheidet über den Erfolg und die Wirkung in der konkreten Situation.

Vereinbarung

Viele Gespräche werden mit dem Ziel geführt, Vereinbarungen zu treffen. Sie haben es in der Hand, zu beeinflussen, ob und in welcher Qualität Vereinbarungen getroffen werden. Steuern Sie auf Vereinbarungen zu, indem Sie Vorschläge machen, Fragen stellen und Absprachen anbieten.

Einige Beispiele für das Forcieren von Vereinbarungen:

- *„Was halten Sie von einem Gespräch unter vier Augen bei einem guten Kaffee?"*
- *„Wir könnten uns nächste Woche in einem gemütlichen Café treffen."*
- *„Treffen wir uns nächste Woche?"*

Jede zustimmende Reaktion können Sie als eine getroffene Vereinbarung verstehen. Formulieren Sie Ihre Vorschläge so, dass die erwünschte Antwort ein Ja ist.
Menschen sagen lieber Ja als Nein. Geben Sie Ihren Gesprächspartnern daher die Möglichkeit, Ja zu Ihren Vorschlägen zu sagen und initiieren Sie so aktiv verbindliche Vereinbarungen.

Manifestation

Am Ende des Gespräches ist es sinnvoll, alle wichtigen Ergebnisse noch einmal zusammenzufassen. Stellen Sie kurz und prägnant die erreichten Ziele, die getroffenen Vereinbarungen und die gewonnenen Erkenntnisse dar und geben Sie damit Ihrem Gesprächspartner die Gelegenheit, sich selbst dieser Ergebnisse noch einmal bewusst zu werden, eventuell noch zu korrigieren oder zu ergänzen und letztendlich zu bestätigen.

Sprechen Sie bei der Manifestation über diese Punkte:

- Worüber haben wir gesprochen?
- Zu welchen Ergebnissen sind wir gekommen?
- Was haben wir vereinbart?
- Wie machen wir weiter?
- Wen müssen wir noch informieren?

Die Phasen der Gesprächsführung

Erfolgreiche Telefonate folgen einer gezielten Choreographie

Eingang

Begrüßung

- *„Guten Tag!“*
- eigenen Namen nennen
- Namen des Partners nennen

Smalltalk

- positive Atmosphäre schaffen
- Gutes sagen
- von der Gegenwart sprechen

Vereinbarung

- Vorschläge unterbreiten
- nachfragen
- Zustimmung einholen

Manifestation

- Worüber wurde gesprochen?
- Was wurde vereinbart?
- Wie machen wir weiter?

Verabschiedung

- Gespräch positiv bewerten
- Danken
- Namen des Partners nennen

Ausgang

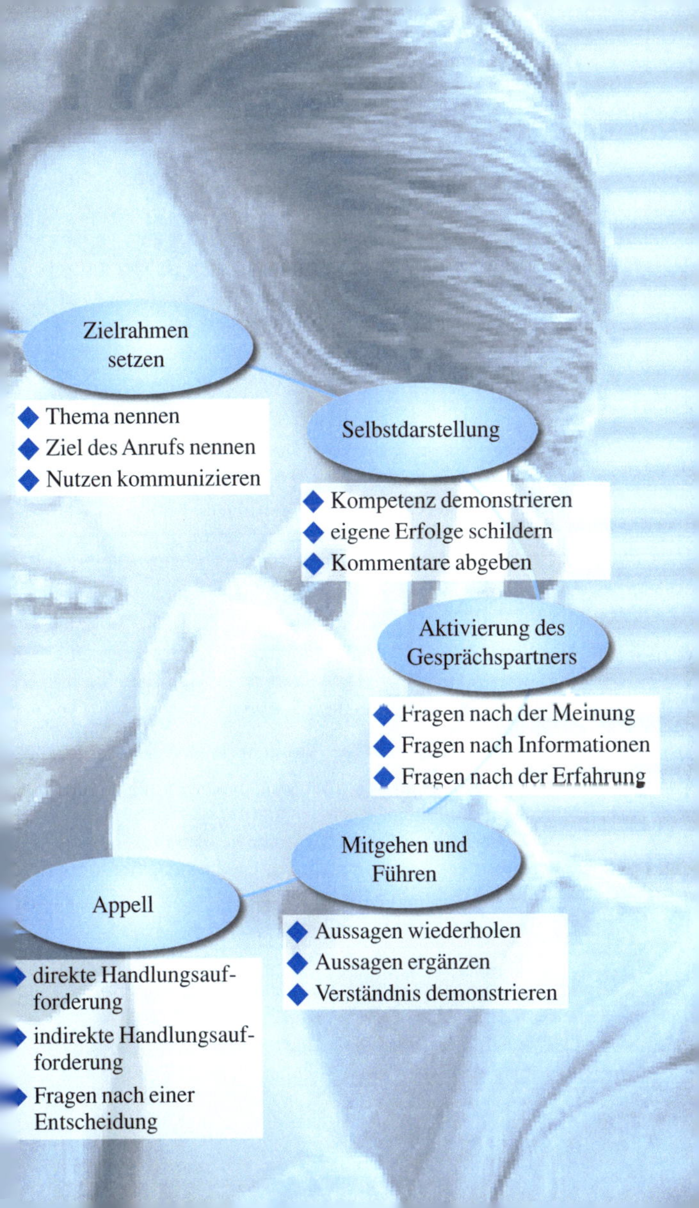
Zielrahmen setzen
Thema nennen
Ziel des Anrufs nennen
Nutzen kommunizieren
Selbstdarstellung
Kompetenz demonstrieren
eigene Erfolge schildern
Kommentare abgeben
Aktivierung des Gesprächspartners
Fragen nach der Meinung
Fragen nach Informationen
Fragen nach der Erfahrung
Mitgehen und Führen
Aussagen wiederholen
Aussagen ergänzen
Verständnis demonstrieren
Appell
direkte Handlungsaufforderung
indirekte Handlungsaufforderung
Fragen nach einer Entscheidung

Beispiel für eine Manifestation:

„Herr Franke, wir haben jetzt also alle wichtigen Inhalte besprochen, die Sie in dem Telefontraining für Ihre Mitarbeiter behandelt haben wollen. Den Schwerpunkt haben Sie bei der Kalt-Akquise gesetzt. Die Teilnehmer sollen motiviert und geschult werden, professionelle Erstgespräche zu führen. Außerdem haben wir für nächsten Donnerstag einen Termin für ein persönliches Gespräch vereinbart, in dem wir weitere gemeinsame Schulungsprojekte besprechen werden. Wir treffen uns also am nächsten Donnerstag bei Ihnen und Sie schicken mir bis dahin die Anmeldung für das erste Telefontraining zu."

Die Manifestation bietet Ihnen die Möglichkeit, Ihre Sicht der Ergebnisse des Gesprächs mit der Ihres Gesprächspartners zu synchronisieren. Sie fokussieren den gemeinsamen Blick auf das Erreichte und Vereinbarte und schaffen auf diese Weise am Ende des Gesprächs ein verbindendes Gefühl von Kooperation.

Verabschiedung

Der Abschluss eines Gespräches sollte bei Ihrem Gesprächspartner einen positiven Eindruck hinterlassen. Sorgen Sie mit kraftvollen Sätzen für einen guten Schluss.

Folgende Elemente können Sie für einen positiven Abschluss einsetzen:

- Danken Sie Ihrem Gesprächspartner für das Gespräch.
- Nennen Sie den Namen des Gesprächspartners.
- Beschreiben Sie kurz ein positives Gefühl, das Sie in Bezug auf das Gespräch empfinden.
- Wünschen Sie Ihrem Gesprächspartner etwas Gutes.

Beispiel:

„Herr Frank, ich danke Ihnen für das Gespräch. Es war mir ein Vergnügen, mich mit Ihnen so angenehm zu unterhalten. Ich wünsche Ihnen noch einen schönen Tag."

Beenden Sie Ihre Gespräche in einer freundlichen und positiven Stimmung. Sie werden bei Ihren Gesprächspartnern lange in angenehmer Erinnerung bleiben. Telefonexperten sorgen mit ihrer Verabschiedung dafür, dass sich der Gesprächspartner freut, wenn er wieder von ihnen angerufen wird.

4.3 Gesprächsnachbereitung und Kontaktbericht

Jetzt haben Sie die Chance, nutzbares Wissen zu erfassen, das Sie später zu Ihrem Vorteil wieder verwenden können. Stellen Sie sich vor, Sie oder ein Partner rufen nach einem Monat diesen Kontakt wieder an. Welche Informationen brauchen Sie dann, um genau dort weiterzumachen, wo Sie zuletzt aufgehört haben.

> Nach einem Gespräch dokumentieren und archivieren Sie alle gewonnenen Informationen, alle erreichten Ergebnisse und alle getroffenen Vereinbarungen.

Diese Informationen sind sinnvoll und nützlich:

Zur Person:

- Vorname, Name
- Position
- Kompetenzen (Was kann sie entscheiden? Was kann sie beeinflussen?)
- Ressourcen (Welche Worte, Geräusche oder Inhalte lösen bei ihr positive Gefühle hervor?)
- Werte (Was ist für sie wichtig?)
- Kriterien (Welche Kriterien hat sie dafür, dass ihre Werte erfüllt sind?)
- Welche Metaprogramme lässt Sie bevorzugt ablaufen?
- Welchen Sinneskanal nutzt Sie bevorzugt bei der Verarbeitung von Informationen?
- Was für einen persönlichen Eindruck machte die Person (offen,verschlossen, positiv, negativ, emotional, rational ...)?

Der Kontaktbericht

Damit Sie den Faden jederzeit wieder aufnehmen können

Firma	**Ansprechpartner**
Name	Anrede, Vorname, Name
Geschäftsführung	Position
Anschrift	Entscheider (Ja / Nein / Was)
Website	Abteilung
Branche	Telefon
Geschäftsfelder	Fax
Mitarbeiterzahl gesamt	Mail
Mitarbeiterzahl Vertrieb	Handy
Mitarbeiterzahl Verwaltung	

Bedarf

Nutzt die Firma bereits Produkte, die wir anbieten?
Bei wem (Wettbewerber)?
Was schätzt der Ansprechpartner am Wettbewerber?
Was kritisiert der Ansprechpartner am Wettbwerber?
Welche Anforderungen hat der Ansprechpartner an das Produkt / die Produkte?
Woran erkennt er, dass seine Anforderungen erfüllt sind (Kriterien)?

Interesse

Besteht Interesse an unserem Angebot?
An welchen Produkten?
In welchem Umfang?

Ist-Situation

Wie schätzt der Ansprechpartner die Situation der Firma / des Marktes ein?
Welche konkreten Investitionsprojekte sind wann in welchem Umfang geplant?
Welche Software wird verwendet?
Welche Probleme bestehen / sollen gelöst werden?

Ansprechpartner (Zutreffendes bitte ankreuzen)

Was ist der bevorzugte Sinneskanal des Ansprechpartners?

Sehen ☐ Hören ☐ Fühlen ☐

Welche Wahrnehmungsfilter setzt der Ansprechpartner?

Richtung:	Weg von	☐	Hin zu	☐		
Ausschnitt:	Überblick	☐	Detail	☐		
Zeit:	Vergangenheit	☐	Gegenwart	☐	Zukunft	☐

Welche Überzeugungsstrategie(n) benutzt der Ansprechparter für sich selbst (wie überzeugt er sich)?

Innere Referenz	☐	Äußere Referenz	☐		
visuell	☐	auditiv	☐	Kinästhetisch	☐

Welche Motivationsrichtung bevorzugt der Ansprechpartner?

Weg-von-Motivation ☐ Hin-zu-Motivation ☐

Gesprächsverlauf

....

....

....

Vereinbarungen

(Was werde ich tun? Was wird der Ansprechpartner tun?)

....

....

....

Wichtige Informationen

(Was habe ich noch Wichtiges / Relevantes erfahren?)

....

....

....

Nächster Kontakt (Wann stelle ich wie wieder Kontakt her?)

Wann: ....

Wie:...

Zur Firma:

- Womit verdient die Firma ihr Geld?
- Welche Werte schafft die Firma?
- Welche Ergebnisse hat die Firma in den letzten beiden Jahren erzielt (Umsatz, Gewinn, Marktanteil …)?
- Wie viele Mitarbeiter beschäftigt die Firma?
- Wie viele Mitarbeiter beschäftigt die Firma in bestimmten relevanten Bereichen (Verkaufsaußendienst, Telefonmarketing, Telefon-Service …)?
- Kauft die Firma bereits die von uns angebotenen Produkte oder Dienstleistungen woanders? Bei wem?
- Wie stellt sich die Ist-Situation der Firma dar?
- Wofür werden Lösungen gesucht? Welcher Bedarf besteht? In welchem Umfang?
- Wer entscheidet über die Vergabe von Aufträgen? Wer kann die Entscheider positiv beeinflussen?
- Welche konkreten Projekte sind bereits geplant?

Zum Gespräch:

- Wie verlief das Gespräch?
- Was wurde besprochen?
- Was wurde vereinbart?

Die Menge und Qualität der aufgezeichneten Informationen wird durch die Zielstellung der Anrufe bestimmt. Wählen Sie für sich die relevanten Informationen aus, die Sie festhalten wollen und gestalten Sie nach diesen Anforderungen Ihren eigenen Kontaktbericht.

Entscheiden Sie auch, in welcher Form Sie Ihre Aufzeichnungen archivieren wollen. Möchten Sie ein Papierarchiv aufbauen oder lieber eine Datenbank anlegen? Eine elektronische Lösung ist sehr zu empfehlen, da die Menge und Komplexität der erzeugten Daten in dieser Form einfacher und schneller zu handhaben ist.

Die Bezeichnung für diese Art von Software ist CRM-Software (CRM = Customer Relationship Management) und wird von vielen Anbietern für unterschiedliche Branchen, Berufsgruppen und Bedürfnisse angeboten. Es lohnt sich, in eine gute CRM-Software zu investieren, denn je schneller Sie Kundengruppen finden und ansprechen können, je leichter Sie Kundenkontakte nachvollziehen können und je einfacher Sie Ihre Kontaktdaten verwalten können, desto besser können Sie sich auf die eigentlichen Kundenkontakte per Telefon konzentrieren.

> Nehmen Sie sich nach jedem Gespräch die Zeit, alle wesentlichen Informationen zu dokumentieren und so zu archivieren, dass Sie leicht gefunden und verstanden werden können.

Zum Schluss definieren Sie den Zeitpunkt und den Inhalt des nächsten Kontakttermins. Speichern Sie diese Informationen in Ihrer Wiedervorlage, sodass Sie rechtzeitig an diese Aufgabe erinnert werden. Auf diese Weise stellen Sie sicher, dass Sie zu bestehenden und potenziellen Kunden einen kontinuierlichen Kontakt halten und sich so in angenehmer Erinnerung halten. Kontinuität ist ein wesentlicher Schlüssel für gute Kundenbeziehungen und erhöht Ihre guten Chancen am Markt ganz erheblich.

Auf den Punkt gebracht:

So führen Sie erfolgreiche Gespräche

- Setzen Sie sich für jedes Gespräch klare Ziele. Was wollen Sie für Emotionen und Informationen vermitteln? Welche Informationen möchten Sie erhalten? Wozu wollen Sie Ihren Gesprächspartner bewegen?
- Entwickeln Sie aus Ihren Gesprächszielen einen Telefonleitfaden, der Ihnen besonders zu Beginn einer neuen Telefonaktion eine gute Hilfestellung bietet.
- Schenken Sie Ihrem Gesprächspartner Ihre volle Aufmerksamkeit. Duplizieren Sie innerlich die Redeinhalte Ihres Gesprächspartners. Geben Sie Ihrem Gesprächspartner wohlwollendes, freundliches, positives Feedback.
- Übernehmen Sie die Rolle des Führers in Ihren Gesprächen. Geleiten Sie Ihre Gesprächspartner durch alle Phasen des Gesprächs.
- Setzen Sie einen klaren Zielrahmen für Ihr Gespräch.
- Stellen Sie sich selbst positiv dar.
- Geben Sie Ihrem Gesprächspartner die Gelegenheit, sich selbst positiv darzustellen.
- Aktivieren Sie Ihren Gesprächspartner mit motivierenden Fragen.
- Führen Sie Ihren Gesprächspartner mit der Methode Pacing und Leading – Mitgehen und Führen.
- Provozieren Sie Vereinbarungen, indem Sie Vorschläge machen.
- Fordern Sie Ihren Gesprächspartner zum Handeln auf. Sagen Sie ihm, was er tun soll.
- Manifestieren Sie zum Schluss die Ergebnisse des Gesprächs in einer kurzen Zusammenfassung
- Verabschieden Sie sich auf eine freundliche, positive Art, die Ihrem Gesprächspartner angenehm in Erinnerung bleibt.
- Dokumentieren Sie den Verlauf Ihrer Telefonate in einem Kontaktbericht, der Ihnen oder anderen erlaubt, den Faden jederzeit wieder aufzunehmen.

Weiterführende Literatur

- Birkenbihl, V.: Kommunikationstraining. München 2000
- Boress, A.: Jetzt brauche ich Aufträge. Landsberg 1998
- Coblenzer, H. und Muhar, F.: Atem und Stimme. Anleitung zum guten Sprechen. Wien 1993
- Janka, F.: Verhandlungsstrategien. Niedernhausen 2000
- Landauer, A.: ManageActing. Die Kunst, selbstsicher aufzutreten. München 2001
- O' Connor, J. und Seymour, J.: Neurolinguistisches Programmieren: Gelungene Kommunikation und persönliche Entfaltung. Kirchzarten 2003
- Schelter, U.: Erfolgsfaktor Networking. Frankfurt 2000
- Schulz von Thun, F.: Miteinander Reden 1. Allgemeine Psychologie der Kommunikation. Hamburg 1994

Kontakt:

andreas.raupach@raupach.biz

Stichwortverzeichnis